ゼロから始める！法人営業

ずっと勝ち続ける 新規開拓営業の新常識

株式会社OfficeTV 代表取締役 藤原 智浩

産業能率大学出版部

❀はじめに　～どうやったら、簡単に1000社の法人開拓ができるのか？

あなたは今、どうやって新規の法人開拓をしていますか。

テレアポ、飛び込み、メール、FAX、DM、SNS、交流会、紹介、営業代行、セミナー、Web、展示会もしくは未経験…いずれにしても「新規の法人開拓ができればいいな！」と思って、この本を手に取ったのではないでしょうか？　この本は法人開拓「未経験」だった私が、郵送DMを使い、お金なし・コネなし・実績なしの状態から6年間で1000社の法人を開拓した手法を公開します。

多くの会社は「集客」に困っています。良い商品があり、営業には自信があるので、目の前に商談相手さえいれば売れると考えています。しかし現状は、目の前にお客さんがいることはなく、集客に頭を抱える羽目となります。多くの会社の上司は「テレアポしろ」「飛び込み営業をやれ」「紹介をもらってこい」と言いますが、今の時代にそんな原始的な方法を行えば悪評が立ち、インターネットに書き込みをされ、会社の「信用」を失います。

このように考えると、ひと昔前までは通用した手法も今の時代には非常に難しくなっています。「法人集客したい」「新規事業を立ち上げたい」「ゴリ押し営業をやめたい」という人はたくさんいるでしょう。そんな経営者や幹部、担当者の方たちが、どうしたらよいかと私のセミナーに参加されます。

そこでいつも答えることは、「法人開拓の勝ちパターンを持っていないことが問題です。勝ちパターン、つまり集客と営業の仕組みを作らないといけません」ということです。参加者は努力をしていないわけではありません。むしろたくさんのセミナーに参加し、本も読み、相当勉強をされています。にもかかわらず成果が出ないのです。ハッキリ言います。法人開拓に努力は必要なく、抑えるべきポイントがあるだけです。なぜそんなことが言えるのか？　それは過去に努力をしたにもかかわらず、成果が一切出ない経験をしたからです。

ずっと勝ち続ける、再現性のある法人開拓手法を求めて

私が法人開拓を始めたのは25歳のときです。東京都港区の麻布十番にあるマンションの一室から社長と2人でスタートしました。事業は企業向けクラウドシステムの開発・販売です。法人営業の経験はなし。自社開発商品で実績もなし。あるのはやる気と時間だけ。

そのほかはすべてゼロの状態でした。

まず、はじめにやったのはテレアポでした。お金を使わずにやるにはこれしかなかったのです。明けても暮れてもテレアポの日々。テレアポ1日200件、1年間で5万件、しかし契約0件でした。

必死の思いで試行錯誤をする中で、法人開拓の当たり前の事実に気がつきます。「担当者は決裁者ではない」。その当時、私は担当者宛てにアポを取って営業していました。しかし、中小企業の場合、決裁権があるのは100%社長です。担当者が気に入っても、社長がOKしなければ努力が水の泡です。そこから、社長に営業する！　と戦略を変えたことで、商品の見せ方も変わりました。なぜなら、担当者と社長では興味をもつポイントが異なるからです。

ここでまた1つ問題が出てきました。社長とのアポ難易度が高いことです。そこで考えて出した結論が、郵送のダイレクトメール（DM）です。社長宛てに郵送ダイレクトメールを作成し、テストを繰り返していきました。相手に届くにはどうする？　相手に読まれるにはどうする？　相手に返信してもらうにはどうする？　試行錯誤をした結果…反響アポ1社目であっさり契約したのです。東京都豊島区にある企業さんでした。今までの努力が嘘のように成果が出たのです。お金を生む、打ち出の小槌を手に入れた感覚でした。その後、6年連続同じ結果が出続け、1000社の法人を開拓できたのです。再現性ある集客と営業の仕組みを持てたことで、安定した事業運営が可能となりました。

本書でお伝えしている内容を実践することで、①負債4000万から累計売上10億円、②1ヶ月で社長アポ19倍、新規受注2社、売上1300万円UP、③1回のプロモーションで上場企業30社を含む500名を集客、④1ヶ月で見込み客が10倍、1300万円の売上UP、⑤起業5ヶ月で売上1000万円、⑥新規事業開始1・5ヶ月でアポ23件6社の成約といった成果があがっています。

これからお伝えすることは、非常識に思えるかもしれませんが、確実に「結果」をもたらし、念願の『反響営業』に切り替える内容です。読者限定の特典もご用意しています。今すぐレジに本を持っていき購入してください。

では、本文でお会いしましょう。

第4章　郵送DMの成否をわける「内容物（コンテンツ）作成」 83

第1章

お金の源泉を生み出す3つの「リサーチ」

なぜ、新規顧客が獲得できないのか

「独立して3年まではよかったのですが、紹介先がなくなってきて、最近はもうやばいなと思っています…」先日、茨城の事業承継コンサルタント会社の社長から相談を受けた時のことです。

あなたも体験しているかもしれませんが、起業して数年はサラリーマン時代に培った人脈や紹介で何とかなります。しかしどれだけ素晴らしいサービスであっても、その先、無限に紹介が増えるのかと言えば、そうではありません。その証拠に、最近あなたが何かのサービスを利用したとき誰かに紹介しましたか？　紹介をしたとしても何人紹介することができますか？　おそらく3人が限界です。それは、誰しも同じことです。紹介するには労力がかかります。紹介料をもらって生活していれば別ですが、普通に生きていれば、他社のために紹介者を無限に出せる人などいません。紹介は、うまく稼働すれば有効な手段の1つですが、ピタっと止まれば恐怖が脳を支配します。先月もゼロ、今月もゼロ、来月もゼロ…このままでは新規開拓ができずに廃業か？　と頭をよぎります。これでは、ビジネスどころではありません。

ここでの最大の問題は、紹介や人脈などの自分ではコントロールできないものに頼ってしまったことです。ズバリ、顧客獲得の不安から解放されるには、「いつでも売れる状態を作っていること」。これに尽きます。どんな状態になっても何か商品を案内したら必ず利益を生める。この状態があったら売上の不安から解放されます。

では、この状態をどうすれば作れるのかと言うと、リストマーケティングをすることです。やることはたった3つです。①新規の見込み客リストを集める、②見込み客に商品を買ってもらう、③既存客にリピートをしてもらう、これだけです。「分かっとるわ！」と思ったあなた。じゃあ、顧客獲得の不安はないですよね。もし、不安を感じているならそれは知っているだけで、できていません。「分かる」と「できる」には大きな違いがあるのです。

どうやったら顧客獲得を自分でコントロールできるようになるのか？

新規顧客を安定的に獲得し続けたかったら、

・「大量」に、新規のリストを集める
・新規の見込み客と関係性を構築し、商品を買ってもらう
・価値を提供し「信頼」してもらい、一度買ってくれた人に再購入してもらう

以上です。

新規客を獲得できないと悩んでいる人には、3つの特徴があります。以下、この特徴を見ていきましょう。

顧客獲得に失敗する理由その①：見込み客リストをもっていない

そもそも、多くの人は見込み客の定義を間違っています。見込み客の定義はこれです。「あなたの商品を購入する心の準備ができている人」そして、「その問題に対しお金を払って

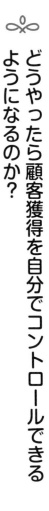

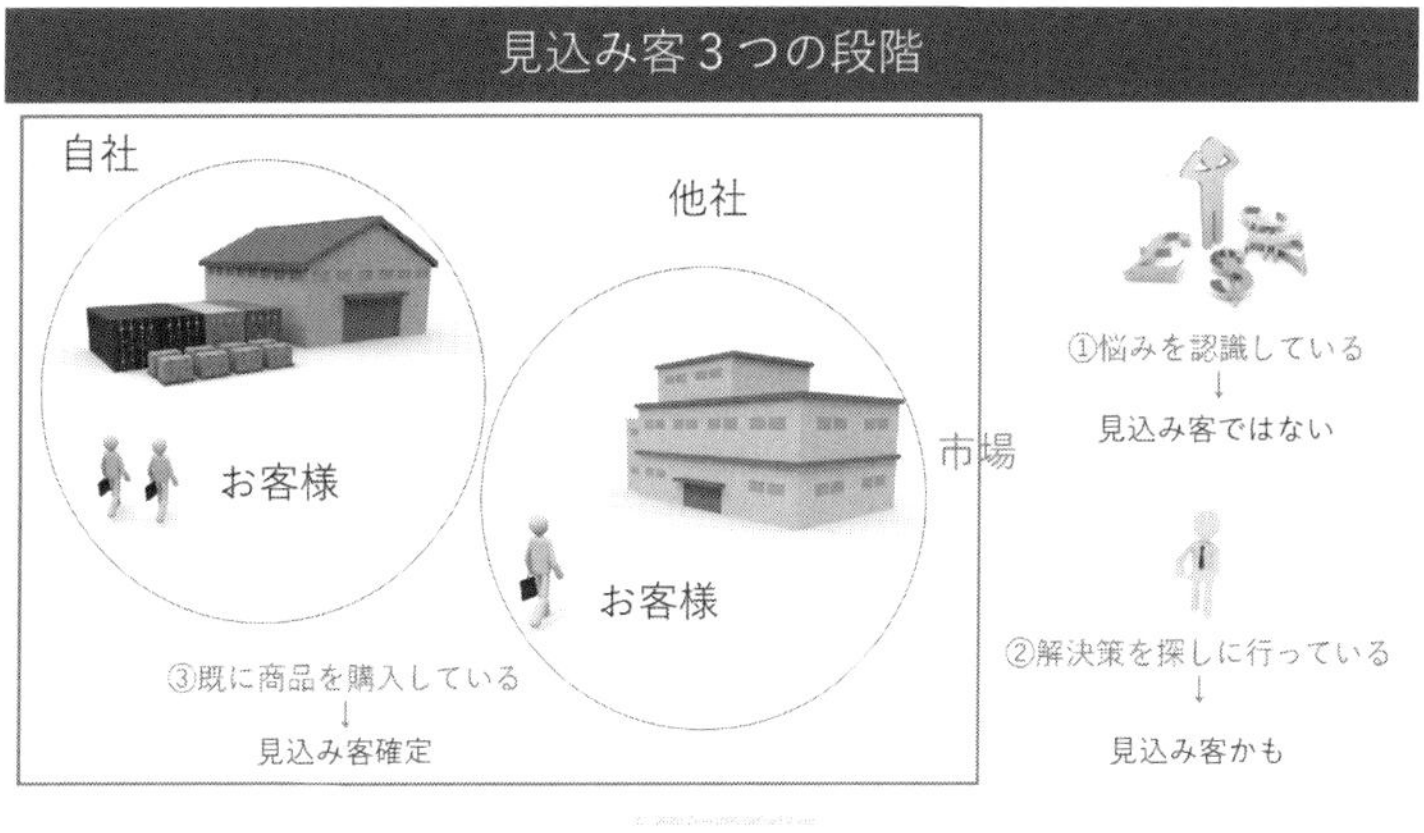

見込み客の３つの段階

でも解決したい人」です。これ以外は、見込み客でも何でもありません。

【見込み客の定義】

①お金を払ってでもその問題を解決したい人
②お金を払う心の準備ができている人

次に、３つの段階です。

①悩んでいると認識している（見込み客ではない）
②その解決策を積極的に探しに行っている（見込み客かも）
③すでに解決を求め商品を購入している（見込み客確定）

では、先に見込み客と冷やかし客の見分け方についてお話していきます。見分け方は「2つ」あります。

まず1つ目は、あなたの業界の商品を買った経験があるかどうかです。言い方を変えれば、競合他社のお客様は、将来のあなたの見込み客です。一度、業界の商品を買った人は同じ会社でリピートするか、その会社で望む結果が手に入らなければ他社で購入するだけです。

そう、それはあなたの会社です。ただ、そのタイミングにあなたの存在がお客様の中になければ、あなたは検討のテーブルにすらのれないことになります。

そして、2つ目は、望む結果に対して業界は違えどもお金を払った経験があるかどうかです。例えば、ダイエットをしたい人がいるとします。望む結果は、痩せることです。流れは、お客様→商品→結果（痩せたい）となります。そして、「業界は違えどもお金を払った」人とは、例えば、スポーツジムにお金を払って通っていたけど、まだサプリメント、エステや食事療法は試したことがない人。こういう人が該当します。これも結果にフォーカスすれば商品や業界など関係ありません。その悩みを抱える人はただ、痩せたいだけなのです。そして、願望さえ叶えば、極論すれば、商品など何でもいいということです。

ただし、冷やかし客の可能性があるので注意が必要です。例えば、GoogleやYahooなどの検索エンジンで、「ダイエット方法　無料」と検索する人は、無料を前提として検索しているのでそもそもお金を払う気がありません。このように、見込み客か冷やかし客かは一見分かりづらいかもしれません。しかし、見分けが可能です。その答えは、簡単です。始めに一言、聞けばいいのです。

あなたにお金を払う客かどうかを見極める魔法の質問

「これまでにダイエットって試したことありますか？」もしくは、「これまでにどんなダイエットを試してきましたか？」。こう質問すれば、市場内に位置する人かそれとも市場外の人なのかが分かります（ちなみに、市場外とは、これまでに業界の商品を買ったことがない人のことです）。名刺交換を行った後に、あなたが提供する商品サービスをその人が過去購入した経験があるどうかを「サラリ」と聞いてしまうのです。この質問をはじめにすることで、その後の営業トークだけでなく成約率も大きく変わるので、憶測で見込み客と判断せずに一言、はじめに聞いてください。そのはじめの一言で見込み客を見極めることができます。もし、業界の商品を買ったことがある市場内の人であれば「ちなみに、おいくらですか？」と質問してください。この質問は、別に予算を聞いたわけではなく、相手が「実際に支払う価格帯」を聞き出したことになります。実際に支払った価格なので、嘘をつかれることはありません。

人には「金銭感覚」というものがあります。例えば、ダイエットに10万円を払う人もいれば１００万円を払う人もいるのです。金銭感覚というものは面白いもので、ダイエットに10万円払う人は、次も10万円を払い、１００万円を払う人は、次も１００万円を払うのです。これが、その人の本当の懐具合です。間違っても「ご予算は？」と聞いてはいけません。なぜなら、嘘をつかれるからです。例えば、あなたがハワイ旅行を計画しているとします。旅行代理店に行って、いきなり「ハワイを検討されていらっしゃるのですね。ご予算はどれくらいでしょうか？」と聞かれたら何と答えますか？　１００万円くらい払えるかなと考えていたとしても「70万円くらいですかね」と低めに答えると思います。信頼関係がない状態で相手に予算を聞いてしまうと、低めに言われ、その予算が商談の基準となってしまいます。結果的にあなたが受注する単価が低くなりますので、絶対に予算は聞かないでください。そうではなく、過去に払った金額を聞くのです。営業に関する詳しい内容は第5章を参照ください。

あなたの顧客＝業界にとっての見込み客

あなたの既存顧客は業界から見たら見込み客なので、新規の見込み客リストを集めるためにまず始めにやるべきことは、既存の顧客をリサーチすることです。この段階で、ペルソナやターゲティングなどの専門用語に踊らされて、想像することはＮＧです。なぜなら、販売者の想像とお客様の状況は違うからです。冒頭で紹介した事業承継コンサルタント会社の社長も自分の頭で自社の売り（強み）を想像し、ホームページなどで打ち出していたので、社長に聞いてみました。

私　「今まで何社の顧客を獲得しましたか？」
社長「7社です」
私　「7社はなぜ、事業承継を社長に頼んだのか把握していますか？」
社長「正直分かっていません」

私　「獲得した経緯、相手の願望、業種、年齢、などを聞いていきますね」

1社目から7社目まで一通り聞いていくと、顧客の共通点が見えてきました。

私　「茨城で担当税理士さんからも匙を投げられるくらいの債務超過や連帯保証に苦しむ75歳以上の後期高齢者の社長から選ばれていますね」

社長「あっ、確かにご高齢の社長が多いですね。営業の時は、借金があっても大丈夫です、問題なく事業承継できますよ、と毎回話していることに気づきました」

私　「それが自社の売り(強み)です。これをベースに法人開拓の戦略を組み立てましょう」

社長「言われてみれば当たり前ですが、自分では気づけませんでした…」

想像ほど危険なことはありません。時間を浪費するだけでなく、法人獲得の戦略を組み立てる上で大きな無駄となります。また、自社の強みは既存顧客が教えてくれます。自分の頭で考えるのではなく、あなたにお金を払ってくれたお客様＝見込み客に聞くことが必要なのです。

もし、まだ１社も顧客がいない場合は、考えていることを様々な言い方で発信していくことです。すると知り合いの数社には売ることができます。次に、買った人に購入理由を聞いて、理由の共通点を見つけることです。売りの共通点さえ見つかれば、今度は売りを意識した状態で常にメッセージ発信していきます。すると集客の精度が高まるので、強みがさらに明確化していきます。

顧客獲得に失敗する理由その②：見込み客に商品を買ってもらえない

もしあなたが、お金がいつまでたっても入らず、出て行く一方だという場合、そもそも市場が存在していない可能性もあります。市場とは「見込み客×販売者の数」です。この双方の大きさが、市場規模を決めます。

ただ、商品しか見えていない人は、そもそも市場を無視し、お金を払う人のことを考えていません。人にはお金を払う「分野」というものがあるのです。ここで大事なことは、販売者の数です。うまくいかない人は、「まだ競合他社がいないラッキー！　これを売ったら億万長者！」と思ってビジネスをしてしまいます。過去の私がこの罠にハマっていいました。でも、そもそもビジネスがなかったのです。そこに競合他社がいないということは、そこにビジネスは存在しないと捉えることもできます。例えば、あなたがハワイに分厚いコートを売りに行きました。見渡す限り誰も売っていない。でも、これは誰もやってないから儲かるか？　と言ったら儲かりません。販売者がいないということは気づいていないわけじゃない。気づいた上でそこはお金にならないという判断でやってない場合が多いです。なので、一番いいのは、見込客がいる状態で、販売者もそれなりにいる市場を狙うことです。

インターネットであなたの見込み客を公開してくれている場所

インターネットにあなたの見込客を公開している人がいます。どういうことかご説明しましょう。まず「あなたの業種　お客様の声」で検索してみてください。「業種　お客様の声」で検索すると、全国であなたの業種に関するホームページの「お客様の声」ページが検索結果で出てきます。「お客様の声」のページには、購入者が載っています。つまり、どんな人がお金を払っているのかが見えてきます。競合他社のお客様ということは、あなたの見込客です。そこから「業種、役職、地域、企業規模、検討のきっかけ、サービスを知った経緯、悩み、導入の決め手」などの共通点を調べると、あなたの商品サービスについて誰にどのようなメッセージを伝えればよいのかが見えてきます。

次に競合の広告先を調べます。競合も広告を出して集客しているので、そこにあなたの見込み客がいます。なので、そこにあなたも出せばいいだけです。ここでのポイントは継続して出しているのか？　ということです。広告はシンプルで、儲かっていたら継続的に出します。もし、継続的に出ていない、もしくは文言がコロコロ変更されていたら儲かっていません。継続的に出ていたら、そこには見込み客がいると判断して広告を出してください。

一般的に法人ビジネスは「相見積もり3つ」と言われており、3社を比較検討します。同じ場所に広告を出すだけで比較検討に乗ることができます。もし、市場が存在し見込客や販売者もそれなりにいるのに見込み客に商品を買ってもらえない人は、集客方法が間違っています。集客するためには顧客が話を聞きたがる集客コンセプトを設計する必要があります。詳しい集客コンセプトの作り方については2章をご覧ください。

✤顧客獲得に失敗する理由その③：リピートしてもらえない

新規開拓をする上で、必ず覚えておいてほしい言葉があります。それは「商品は壁」です。よく、「商品に惚れて起業した最高の商品！」「世界では有名だけれどもまだ日本に入ってきていない商品！」「どの会社にもない特許取得の商品！」などを扱っている人がいるのですが、結局、商品が最高だからといって売れることはありません。みんな何が欲しいのかと言うと、商品の先にある願望を叶えたり、痛みを解消したいだけです。ですから、商品はあくまでその願望を叶えるための過程でしかないのです。要は、商品は固定してはダメということです。電気、ガス、水道などの必要不可欠で継続性の高い商品を扱っているなら別ですが、商品を固定し、これだ！　と決めつけた段階で、ビジネスは行き詰まってしまいます。

リピートしてもらうために必要なことは、商品を納品した後のアフターフォローに加え、あなたの商品を買った後に発生する既存顧客の次なる願望や痛みを見つけることです。つまり、既存顧客に販売する商品ラインナップを増やすことがリピート需要を掘り起こし、新規客を追いかける生活からあなたを脱却させてくれます。

お金の源泉を生み出すために、なぜリサーチが重要なのか？

お金の源泉である新規客を獲得するためには、リサーチが重要です。なぜならビジネスは「自社」「他社」「お客様」の３つのバランスで成り立っているからです。売れない人は商品に固執しリサーチが十分にできていません。重要なことは、そもそもお客様がいるかどうか。つまり、需要です。需要が小さければ新規客など獲得できるはずがありません。

もし需要が大きければ、供給している企業（競合）が必ずいます。需要と供給を見ながら、あなたが行っているビジネスがどのような環境になっているのかを把握しましょう。環境を知ればあなたの取るべきアクションが見えてきますし、成功確率を上げることができます。

リサーチでもう１つ重要な点があります。それは「移り変わる」ということです。常に市場は移り変わります。なので、時系列で需要と供給を見ていく必要があります。あなたの市場は過去どうだったのか？　現在はどうなのか？　未来はどうなるのか？　有名な経営コンサルタントのピーター・ドラッガーはこう言っています。「未来を語る前に今の現実を知らなければならない。現実からしかスタートできないからである」。現実はリサーチすることでしか分かりません。

ライバルがうまくいっているパターン、うまくいっていないパターンを見極める

ライバルを探す場所はインターネット、SNS、書店、人の4つです。GoogleやYahooなどの検索エンジンで検索、YouTubeや「FacebookなどのSNSで検索、本屋さんで書籍を探したり、商談相手に比較対象を直接聞いていきます。

そして、ライバルが見つかれば、電話で問い合わせをし、インターネットから資料請求をします。ここで単に資料請求をしたり、資料を取り寄せただけで終わってしまう人がいます。重要なことは、うまくいっている顧客獲得のパターンを見極めることです。一番早いのは、直接連絡して聞くことです。直接連絡することが難しければ、友人の会社に頼むか私のようなコンサルタントに依頼をしてみてください。するとライバルの実績が分かりますし、集客導線や見積価格なども知ることができます。商談を設定すれば、営業戦略も

分かります。ライバルが実施している顧客獲得までの導線を調べ、どういった人、モノ、金を使って顧客獲得しているのかを見極めてください。

また商談相手には、必ずあなたの商品と比較する商品を聞いてください。何人もの人に聞いていくと必ず共通点が見えてきます。例えば、弊社の場合はコンサルタント会社との比較はもちろん、企業間のマッチングサービス会社やアポイント取得代行会社と比較されることがあります。顧客の比較している商品を知ることで対策を取ることができますし、顧客が商品の先に何を求めているのかを理解することもできます。

自社の売り（強み）をリサーチする

次に自社のことを調べていきます。調べる方法は2つあります。1つ目は既存顧客に商品を選んでもらった一番の理由を聞くことです。アンケートで質問をして購入理由を聞きます。「何が決め手となって購入しましたか?」と購入理由を聞きます。多くの会社は買ってもらった後に理由を聞きません。理由を2社、3社と続けて聞いていくと、必ず共通点が出てきます。その共通点が自社の売りになるのです。ちなみに、アンケートは電話で聞

顧客アンケート

くのが一番早いですし、本音が出てきます。
アンケートで聞くべき項目は次の7つです。

アンケート項目

①○○を購入する前に、どんなことで悩んでいましたか？
②何がきっかけで、○○を知りましたか？
インターネットがきっかけの方は検索したキーワードを複数教えてください。
③競合他社さんのどの商品を比較検討されましたか？
④何が決め手となって○○を購入しましたか？
⑤実際に使ってみて、使用前 Before→使用後 After はいかがでしょうか？
⑥○○の価値を一言で表すなら何でしょうか？
⑦こんな人にお勧めしたい。○○を検討されている方に一言、お願いします。

２つ目は顧客リストの共通点を調べることです。顧客リストに金脈が眠っています。顧客の会社名をインターネットで検索し、お客さんが流入してきた経路、悩みごと、問題、過去に購入していたサービスなど、顧客リサーチの7つのステップに沿って調べてください。

①共通点探しをする	どんな属性のお客さんが１番多いのか？顧客の共通点を探す
②望む結果を把握する	何を手に入れたかったのか 願望を聞く
③問題を把握する	どんな問題を抱えていたのかを聞く
④解決策を把握する	問題を解決するために過去に購入検討した商品サービスを聞く
⑤見ている広告媒体を知る	顧客が普段の生活で見ている 広告媒体を聞く
⑥反応する言葉を知る	どんなメッセージに心を動かされて購入したのかを聞く
⑦顧客のリストを抱えている人を知る	顧客が所属している会や 信頼している会社を聞く

顧客リサーチの７つのステップ

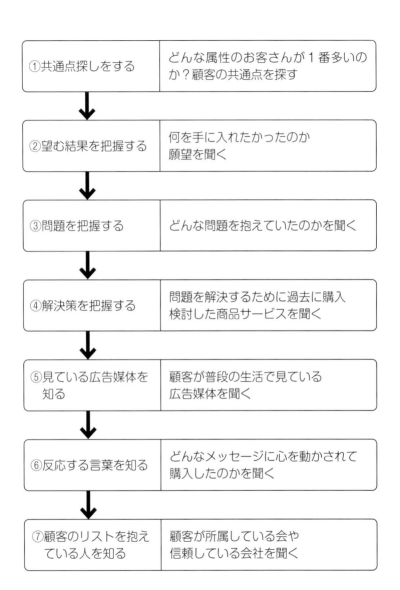

①から④までで、あなたにお金を払ってくれた人が持っている願望、結果、フラストレーション、痛み、取り組みが出てきました。⑤からは、その人が見ている広告媒体を聞きます。DMなのか「FaceBook などのSNSなのかメルマガなのか、あるいはどこかの交流会なのか、普段から目にする媒体や所属している団体を聞きます。もし、共通点が見つかれば、そこにあなたの見込み客が滞留しています。媒体や団体が分かれば、そこに広告を出します。広告を出す際は、あなたの言葉ではなく、相手が使っていた「単語、言葉、言い回し」を使います。必ず顧客が使っている言葉を使うことが重要です。⑦は見込み客のリストをすでに大量に抱えている人がいないかをインターネット、SNS、書店、人の紹介で探ります。見つけたら、その人がやっているサービスを購入するか主催している会に参加し、広告を依頼するのです。信頼ある見込み客リストを持っている人とは長期的な関係性を築いておくことが大切です。

もし、まだ1人も顧客がいない場合は、ポジショニングとかターゲティングとかコンセプトとかそういったことを一切考えずに、知り合いに対して自分の考えていることをメッセージとして発信していきましょう。すると、あなたのメッセージに響いた見込み客が1人、2人、3人と出てきます。そこで興味を持ってくれたポイントを聞き出し、共通点を探していくことです。するとあなたの売りが見つかります。あなたがあれこれ考える前に、お客様があなたの売りを教えてくれます。まずは口に出して行動してみてください。共通点が見つかれば、共通点を入れ込んだ状態でメッセージを出すと精度が高まるので、あなたの強みがさらに明確化されます。

実は、リサーチに一番時間がかかります。正直、面倒くさいと感じると思います。あなたは、成約を勝ち取れない多くの人に共通した理由があるのをご存知ですか？　その理由は、能力でもスキルでもありません。それ以上に大切なのは、「リサーチ」です。このリサーチによる影響は絶大で、ビジネスの80％以上の成否を左右するとも言われています。ただ、多くの人は「競合他社の調査」だけだったり、「お客様の調査」だけだったり、「市場の調査」だけといったように片寄ってしまうのですが、それでは効果は半減され、最悪の場合は効果ゼロになることもあるのです。何でもそうですが、すべてはバランスが重要です。そして、そのバランスが成約に影響を与えます。

新規客獲得コラム：新商品を次々と成約していくテクニック

1章を読んでいただき、ありがとうございます。ここでは即効性のあるテクニックを紹介していきたいと思います。

私のクライアントには新規事業を立ち上げる企業が多くいるのですが、あなたは、これまでに商品作りを行った経験はありますか？ 業種によっては、新サービスという言い方もすると思いますが、基本は同じです。ただ、ここでスムーズに新商品を販売できる人と何年たっても日の目を見ない人とで分かれます。一体、何がその差を生み出すのかと言うと、それは、「実績」です。

いつまでたっても売れない人は、商品だけにフォーカスし、機能改善を行ったり、チラシやパンフレットの見直しばかりを行ってしまいます。逆に、新商品を出せば出すほど売れる人もいます。そもそもの思考が違うのです。売れる人は商品ができた段階で、チラシやパンフレットの前に、まずは「実績」を作り始めます。要は、まず使ってもらうということです。この段階で、成果を出すのが早い人はお金を取りません。なぜなら、お金は価値の1つにすぎないと知っているからです。そして、うまくいく人の考えは、この段階でお金ではなく「実績」を価値と捉えています。

少し例をご紹介します。2人のコンサルタントが本日、開業したとします。Aさんは、100万円を提示し、Bさんは、50人までは無料で行うと決めました。3ヶ月後、2人の実績はどうなるでしょうか？　おそらく、Aさんは、0人のまま。しかし、Bさんは、50人のクライアントを得ていると思います。当然、この時、報酬で言えば、同じ「0円」なのですが、Bさんには、50人のクライアントという実績がつきました。そして、この間、Bさんは、もっと大きなものを手に入れました。それは、「実践と50個の事例」です。正直、コンサルタントが情報を知っているだけでは、成果を出すことなどできません。なぜなら、伝言ゲームでしかないからです。しかし、実践して事例を多く持てば持つほど成功するパターンが見えてきます。これは、教材やセミナーでは学ぶことができないものです。

では、この後、Bさんが本格始動したら、どうなるでしょうか？　当然、営業の段階から、Aさんとはまったく違ったものとなるはずです。なぜなら、50人の実例を交えながら話すことができるからです。このように、実績さえあれば、商品は売れます。しかし、どんなに商品が良くても実績がなければ売るのに苦戦します。もちろん、言うまでもありませんが、そのはじめの実績が無料であると言う必要はありません。自分にとって不利になることをあえて言うことはないのです。

次に、見落としがちなのが販促物です。本来、チラシやパンフレットは売れる切り口が分からなければ作成することができません。しかし、はじめの段階で無料で何人かに使ってもらえば、どんな切り口にすれば反応があるかも分かってきます。ですので、新商品をスムーズに売りたければ、価値は商品以外にもあるということを知ることです。それだけで、新商品の立ち上がりがまったく変わってきます。

第2章

顧客が話を聞きたがる「集客コンセプトの設計」

商品ではなく、集客コンセプトを打ち出す

いきなりですが、質問です。

あなたは、集客の成果を決めるのは、一体何だと考えますか。「商品機能」でしょうか？

それとも「お客様の満足度」でしょうか？　確かに、これらは大切な要素かもしれませんが、集客に大きく影響するかと言われれば、ほぼ集客に貢献することはありません。


では、もう1つ質問をします。

あなたの会社の商品は品質が悪いでしょうか？おそらく、こちらも違って商品の品質はよく自信もあると思います。


ではなぜ、商品に自信もあり情熱もあるのに売れないのか？　ここが法人開拓できない人のジレンマでもあり、大きな壁と感じている部分でもあるはずです。ただ、一方、自分の商品より粗悪なものを扱っている会社のほうが儲かっているケースすらあると言う人もいます。いい商品を扱っている会社ほど儲からず、品質が低い会社ほど儲かっている。一

体、何が違うのか?

その答えは、商品にこだわりを持っている人に限って、これからお話しする「2つの要素」を無視しているからです。新規開拓ができない人は、常に「自分の方向」に矢印が向いています。要は、「最高に良い商品を作れば売れる」とか、「これだけ沢山の機能をつけたんだからきっと大満足してもらえる」と思い込んでいるのです。さらに言えば、「これは自分しか扱っていない特許商材だから大儲け間違いなし」といった具合です。しかし、現実には「商品は最高で完璧なはずなのに、いつブレイクはやってくるの?」と言いながら、預金残高を見るたびに不安になり、「この商品の良さが分からない客が悪いんだ」と、八つ当たりし暴言を吐いたりする人もいます。あなたは、どうでしょうか? 思い当たる節はないでしょうか。これでは、いつまでたっても目標は叶わず、商品と心中することになります。

では、その重要な「2つの要素」とは一体何でしょうか?

答えは、**「コンセプト」**と**「タイミング」**です。

たとえ品質が悪かったとしても、多少サービスがずさんでも、このコンセプトとタイミングの2つを間違えなければ、爆発的集客を叶えることも可能です。しかし、商品しか見ていない人は、この2つの要素を完全に無視しています。だから、いつまでたっても、ブレイクできないのです。正直、良い商品など今の時代、誰でも作れます。「良い商品を作れば売れる」というのは、戦後の話です。安かろう悪かろうの時代も終わり、今や100円ショップのクオリティーは高いです。それだけ日本は、これ以上にないと言えるぐらいの品質を誰もが持ち合わせているのです。そんなところに、「良い商品だから」というだけでは売れないわけです。

そうではなく、そろそろ自分の殻を破り、外を見て下さい。今や良い商品は世にあふれ、これ以上買わなくても困らない時代です。そして、見込み客はあなたの商品サービスを使わなくても生存できています。その大前提を、まずは知ってください。ここが理解できないと、この先も盲目的に、商品のために借金を積み重ねることになります。ただ、「そんなことはない、今後も商品にこだわりを持って今までと同じやり方を通すんだ」という方は、今すぐこの本を破り捨てて下さい。そして、来月も、売れる当てのない商品に追加融資を申し出て下さい。しかし、本気で自分の商品を多くの人に使ってもらいたいと望むの

そもそもコンセプトとは？
誰がどうなるか？　何がどうなるのか？　を具体的に明記すること

であれば、この先も読み進めて下さい。ここからが、あなたの商品をブレイクさせる「答え」が書かれています。そのために行うことは、商品を変えることではありません。商品は何も変えず、今のままで結構です。むしろ変えなくてはいけないのは、あなたのこれまでの「固定概念」です。それさえ壊すことができれば、間違いなく売れます。

コンセプトを考える際には、2つの視点に着目する必要があります。まず、1つ目は「ターゲット」です。そして、2つ目は、そのターゲットが抱える「フラストレーション」です。多くの人は、ターゲットが大切だと知りながら、何をターゲティングしていいのかが分かっていません。中小企業、製造業、年商10億円以上がいいな…こんな程度ではないでしょうか。だから、「売れない」のです。では、どのようにしてターゲットを決めていけばいいのか？　そこに出てくるのが、「フラストレーション」です。答えは、商品にはありません。むしろ、商品など何でもいいのです。

ライバルが打ち出している「コンセプト」を知り、「フラストレーション」を見つける

そのための準備として、まずは業界に起きているフラストレーションに着目してください。もし、分からない場合、業界で大きく売れた商品をチェックします。いかがでしょうか？　思いついたでしょうか？　もし、1つも思いつかない場合、かなり「重症」です。これは自分の商品以外は何も見えていないという証拠なので、まずは業界の動向をチェックする必要があります。

具体例で伝えると、当時私が参入していたSFA（営業支援システム）業界では、アメリカの「セールスフォース・ドットコム」という会社が業界のシェアを拡大していました。

その時にセールスフォース・ドットコム社が使っていたコンセプトが「No Software」でした。つまり、ＩＴシステムにまつわるフラストレーション（構築期間の長さや運用の手間などの面倒）を発見し、ソフトウェアを敵にしたのです。現在では世界Ｎｏ．１のＳＦＡに成長しています。

このように、業界で大きく売れた商品を見つけたら、その販売時期をチェックします。多少、商品によって前後はしますが、目安は、６ヶ月～１年前です。なぜこの時期を狙う必要があるのかというと、その商品に発生するフラストレーションが、販売後６ヶ月～１年だからです。次にチェックすることは、そこに発生したフラストレーションの内容です。フラストレーションを想像して把握しようとすると、ターゲットを１００％外します。そうではなく、実際に起きているフラストレーションに着目するのです。そのフラストレーションを解決する術が、あなたが今回打ち出すコンセプトというわけです。

当時、ＳＦＡ業界では「システムで営業マンの数字を管理する」という「プロセスマネジメント」というコンセプトで商品が売れていました。しかし、中小企業がプロセスの数字管理をしただけで業績が上がる会社ばかりではありません。当然、システムを導入してもうまくいかない会社が出てきます。そこで私は「営業マンは管理をするな！」「営業にプロセスは要らない、結果がすべて」というメッセージを訴えていきました。すると、管理しても営業の業績が上がらなかった人が共感してくれ、次々と成約できたのです。

基本、ビジネスは、3つのバランスで成り立っています。

「自社」「他社」「お客様」、この3つです。しかし、業界で売れた商品が1つも思いつかないという場合、このバランスが片寄っているので、売れなくて当然です。他社が存在していない、もしくは数が少ない場合は、そもそも市場が存在していない可能性もあります。何度も言いますが、市場とは「見込み客×販売者の数」です。この双方の大きさが、市場規模を決めます。

ただ、商品しか見えていない人は、そもそも市場を無視し、お金を払う人のことを考えていません。だから、お金がいつまでたっても入らず、出ていく一方なのです。まずは、この3つのバランスを考えながら、ビジネスを設計していきます。そもそもビジネスとは、商品を作って終わりではないのです。好きなものを作るだけであれば、小学生でもできます。自社の部分に意識が片寄っている人は、「他社・お客様」という2つのことを意識するだけで、面白いように集客ができます。

顧客の「なりたい!」を集客コンセプトに設定する

法人ビジネスをしている人は、商品を前面に出して営業活動をしていると思います。もちろん、市場の需要が大きく、供給が少ない場合はそれでも大丈夫です。しかし、競合が増え需要と供給のバランスが同じか供給過多になっている場合だと、商品名だけを出しても反応は期待できません。その場合は「商品サービスを使ってどうなれるのか?」を打ち出すことで、集客が簡単になります。実は人は「成果」に対してお金を払うのではなく、「期待」に対してお金を払います。このように言うと「偉そうに言っているあなたはどういうコンセプトを打ち出しているの?」と思われるかもしれません。参考までに私の事例も出したいと思います。

そもそも、お客様はコンサルタントを必要としていませんし、コンサルタントが会社で指導することなど望んでいません。欲しい結果さえ手に入れれば手段はどうでもよいのです。この事実を無視して私が「法人集客コンサルティングサービス」と打ち出したところで、誰も反応はしてくれません。その証拠に「ちょうど法人集客のコンサルタントを探していたんですよ」などと言う人には出会ったことがありません。なので、このような市場の場合は、コンセプトが必要です。

私のコンセプトは「ゼロセン」です。表記は「ZERO1000」と書きます。金なし・コネなし・実績なしのオールゼロの状態から6年間で1000社の法人を開拓した経験に基づき、ゼロからセン社を獲得する法人集客の仕組みを作りますということを一言で表したのが「ゼロセン」です。ここで私が質問することは2つだけです。「1000社の法人を開拓できたらうれしいですか?」「その法人開拓の仕組みを作ることに興味はありますか?」実は私はホームページが作れたり、集客代行ができたり、営業研修などいろいろなことができます。しかし、それらは一切言わずに新規客の獲得にフォーカスしています。

お客様は1つの願望が叶えばそれでいいのです。みなさんも人や会社のことを覚える際は1つではないでしょうか。人材派遣のAさん、営業コンサルのBさん、弁理士のCさん、エンゲージメントクラウドのDさん、足つぼスクールのEさん、などなど。

このためサービスが10個あったとしても、すべて言う必要はないのです。逆に、言うことによってお客様は混乱してしまいます。そして、コンセプトはぶれてしまいます。

これは、商品は変えずに、切り口やコンセプトを変えることによって、違うお客様にアプローチすることができるということでもあります。そうすれば、コンセプトを考えて売るだけで、商品を何も変えることなくても大きな売上を上げることができます。商品ではなく、コンセプトに焦点を合わせて集客してみてください。そのためには見込客の現実を知って、どんなことに関心があるのか？　興味があるのか？　フラストレーションがあるのか？　といったことを見て、それにあてはまる、そこにマッチするコンセプトを打ち出してメッセージを届けるということです。少し時間を取ってコンセプトを考えてみて下さい。あなたにお金を払うお客さんはどうなれるのか？何が手に入るのか文字にしてみましょう。それがお客さんの「なりたい！」とマッチした瞬間に集客できるようになります。

顧客の「欲しい！」を集客コンセプトに設定する

別の角度からコンセプトを考えていく方法もご紹介しておきます。

まずは、あなたが売りたい商品を1つ思い浮かべて下さい。次に、その商品を使うことで発生する「フラストレーション」を書き出してください。いかがでしょうか？　分かりやすくイメージしていただくために、実例を出しながら説明します。

商品は、「吸引力が変わらない」というフレーズでブームとなったダイソンが発売した掃除機です。先にあなたに質問です。あなたは掃除機に対し、どんなフラストレーションを感じていますか？　「ゴミを大量に収納したい」とか、「コードが邪魔」あるいは「長時間掃除したい」など様々あると思いますが、その中でも、一番のフラストレーションは、「どうしてゴミが吸い取れないのか？」ということが大きいと思います。そう、一言で言えば、「吸引力」です。ダイソンは、この吸引力に目をつけました。その時に使ったコンセプトが「吸引力が変わらないただ1つの掃除機」。その結果、どこのお店でも売り切れ続出となるほど、大ヒット商品となりました。

実際の広告を見ると分かりますが、ダイソンはあれもこれも言ってはいません。儲からない人は、あれもできるこれもできると機能自慢をしてしまいます。名刺の裏には事業内容がてんこ盛り。だから、商品は売れず、お客様に無視されてしまうのです。あなたは、心当たりはないでしょうか？　10個機能があるとしたら、10個すべて言うようなエゴをお客様に押しつけていませんか？ それで売れないと、さらに11個目の機能追加を今この瞬間にも考えるような無駄な開発を目論んでいないでしょうか？ 機能不足で売れないのではなく、お客様が関心のない機能を沢山つけた結果、フォーカスがぶれ、メッセージが届かなくなっているだけです。あなたは商品を買うときにできるだけ専門家から買いたいと思いませんか？買い手の時は専門性を重視するのに、売り手になった瞬間に専門を絞ることを嫌います。なぜならターゲットの数が少なくなってしまうことを恐れるからです。なので、買い手の立場になってもっと専門性を打ち出してください。そうすれば、お客さんの「欲しい！」を引き出すことができます。

コンセプトは1つに絞る

考えてみて下さい。ダイソンは、「吸引力が変わらない」という以外に、何か特別なメッセージを打ち出しているでしょうか。おそらく聞いたことがないと思います。このように、コンセプトを考える上では、すべての機能を言わず、一番大きなフラストレーションをベースに考えていくのがポイントです。

ただ、ここで間違えてはいけないのが、あなたが考えるフラストレーションではなくお客様が感じているフラストレーションに着目することです。それも、1人や2人では意味がありません。大量のフラストレーションが、コンセプトの種を生み出すのです。いかがでしょうか？　あなたは、これまでにこのようなコンセプトの概念はあったでしょうか。そして、このコンセプト自体も、あなたのエゴだけで決めていなかったでしょうか。もし、他社やお客様を無視し、自社だけでコンセプトを決めていたとしたら、もはやビジネスではありません。それは、「趣味」です。良い商品を作ることは誰でもできます。しかし、その良い商品も売れなければ、誰にも伝わることはありません。そして、あなたも自己満足で商品を開発しているわけではないと思います。当然、お客様に自分の商品を使うことで喜んでもらいたいという思いがあってビジネスを行っていると思います。ですから集客コンセプトを作ったら、既存顧客に見てもらって反応を確認してください。この一手間で結果が変わります。

打ち出すタイミング次第で、売上が10倍変わる

もう1つ大事なのがタイミングです。夏にかき氷を売るのはさほど難しくありませんが、

真冬にかき氷を売るのは至難の業です。ポイントは、商品自体は何も変わっていないということです。

このように、このタイミングをずらしてしまうと、売上が10倍以上変わってしまいます。これは、お客様の状態だけによるのではありません。競合他社の戦略によっても変わってきます。それだけ、タイミングには、売上を左右する要素が隠されています。郵送DMを出すときもタイミング次第で集客が変わります。営業関連の提案なら月初よりも月末のほうが反応が来ます。なぜなら、月末は今月の売上目標が未達成で終わることが見えてきて、何か手を打たないといけないと経営者が思うタイミングだからです。求人広告の提案なら、求人を出したタイミングではなく、求人の掲載が終わったタイミングのほうが反応があります。なぜなら、求人掲載の結果が出ているからです。

マーケティング用語でパレートの法則というものがあります。顧客全体の2割である優良顧客が売上の8割をあげているという法則のことです。別名「2：8の法則」とも呼ばれていて、新規アプローチをする時も意識しておくとよいです。どういうことかと言うと、求人広告を出した2割の法人顧客は満足していますが、8割の顧客は不満足だということです。世の中に完璧な商品はありません。日本一のトヨタ自動車の車でさえ、リコールがあるなど不具合があります。サービス提供を受けた8割のお客さんは、より良い成果が出るならば他社に移動する可能性を持っています。月初・月末・半期・四半期・決算月…アプローチするタイミングはいつがいいのか？　法人ビジネスはタイミングが結果を左右する重要な要素です。相手が一番反応してくれるタイミングを見計らってアプローチしましょう。

新規客獲得コラム：営業トークをすることなく成約を決めるテクニック

2章を読んでいただき、ありがとうございます。ここでは即効性のあるテクニックを紹介していきたいと思います。あなたは営業トークをすることなく成約を決めることができたらうれしいと思いませんか？ もし、この要素を入れることなく「成約が決まらない」と言っているとしたら、それは当然です。では、その要素とは何か？ それは「お客様の声」です。多くの販売者は「お客様の声」の作り方を間違えています。どれだけ商品サービスに満足しているかを「お客様の声」に反映させなければなりません。

そもそも、「お客様の声」は何のために存在しているのか考えたことはありますか？ それは「セールス」するためです。新規のお客様に対し、アポイントを取って売るためには、「お客様の声」を集めないといけません。セールス用に作った「お客様の声」があなたの営業を楽にします。したがって、「お客様の声」は意識的に増やしていかなければなりません。あなたのホームページや提案書に「お客様の声」は増え続けていますか？ このように言うと、増えていません、作り方が分かりませんという人がいると思います。では、何を聞いて作ればよいのかと言うと、ポイントは2つです。この要素を抜かしてしまうと「お客様の声」は機能せずにハリボテになってしまいます。

実は新規のお客さんが気になることは2つあります。1つ目が期間です。つまり、いつ成果が出るのか？　ということです。法人ビジネスは費用対効果が見合わないと成約に至ることはありません。しかし、30年かけて費用対効果が出る商品と3日で費用対効果が出る商品ではどちらがいいですか？　答えは決まっていると思います。つまり、どれくらいの期間でどのような成果が出るのかを書く必要があります。

そして2つ目が習得です。つまり、本当に私はできるのだろうか？　使いこなせるだろうか？　と考えます。「お客様の声」にのっている他の企業ではうまくいったみたいだけど、本当に私には当てはまるだろうかと考えます。なので、あなたがやるべきことは、「お客様の声」をBefore→Afterで作ることです。Beforeで最悪の状況を語ってもらい、Afterで最高の状態を語ってもらうのです。多くの会社の「お客様の声」にはAfterの成果しか書いてありません。そうではなく、Beforeで商品を導入する前にあったマイナスのときの話をしてあげないといけません。そうすることで、こんな悲惨な状態だった会社でもうまくいったのだからうまくいくはずだと思ってくれます。

そして、「お客様の声」は質より量です。意識的に量を増やすことと、会社名と顔写真入りで公開することも忘れないでください。営業トークをしなくても、お客様の事例を話すだけで成約が決まります。

第3章

効率良くお金を生み出す、ムダを省いた「リスト作成」

失敗経験から学んだ、社長リスト抽出

新規客を獲得することについては、身近に相談できる相手がいないのではないでしょうか。あなたはとても勉強家です。なぜなら貴重な時間を投資し、この本を読んでいるからです。しかし、社内にあなたと同じような勉強熱心な人は少ないのではないでしょうか。だからあなたは一人でインターネットで情報収集したり、本を読んだり、セミナーに出て孤独に試行錯誤していると思います。

実は、私もその一人でした。「どうすれば営業グラフのクラウドシステムが売れるのか」を24時間考え続けました。社内はもちろん、テレアポのコンサルタントや法人営業のコンサルタント、DM専門の広告会社にも相談をしました。しかし、期待通りの成果が出ることはありませんでした。

私は東京都港区の麻布十番にあったワンルームマンションで、法人アプローチを開始しました。「はじめに」で紹介した通り、最初にやったことはテレアポでした。お金を使わ

ずにやるにはこれしかなかったのです。明けても暮れてもテレアポの日々、1日200件やるのですぐにリストがなくなりました。何度も電話をすると怒られるので、リストが必要です。当時はリスト作成の知識がなく、インターネットの情報サイトからリストを「コピー&ペースト」で作成していました。パソコンのキーボードで「コントロール+C」、「コピー&「コントロール+V」ペースト」をやり続けた結果、腕が腱鞘炎になりました。当時、日本で一番「コントロールC」+「コントロールV」キーを押した人間だったと思います。

そして、やっとの思いで作ったリストから取得したアポイントですが、返ってくる言葉はいつも「検討した結果、今回は見送ることにしました」でした。そのほか、商談相手から居眠りをされたこともありますし、「これでよくお金を取っていますね」などの言葉をよく浴びました。必死の思いで試行錯誤していく中で、法人開拓の当たり前の事実に気がつきます。それが、

「担当者は決裁者ではない」

ということです。

法人開拓を成功させるには、社長アプローチが最重要ポイントです。なぜなら、決裁権

を持っているからです。決裁権とは、商品サービスを購入するかどうか最終判断を下す権利です。新規で商品サービスを購入するかどうかの最終判断を下すのは決裁権を持つ人であり、決裁者に提案を承認してもらえなければ、成約になりません。私は法人開拓を始めた当初、担当者宛てにアポイントを取って営業していました。しかし、担当者がYesと言っても契約につながらないのです。よくよく考えてみれば当たり前です。担当者と決済者では悩みや判断基準が違います。このため、リストは決済者である社長名を抽出してアプローチしなければ無駄が発生します。企業は「売上拡大」「コスト削減」「従業員の採用・育成」といった、3つの大きな悩みを抱えています。これら3つの課題に対し、担当者よりも社長が悩んでいます。企業で一番悩みを抱えている社長に解決策を提案したほうが早いのです。新規開拓を成功につなげるためには、決裁者をリストアップし魅力的な提案を行えるかが重要となります。

見込み客リストはまずライバルから集める

あなたには、ライバルはいますか？　少しそのライバルを思い出してください。しかし、あなたが思いついたライバルとは、競合他社「だけ」ではなかったでしょうか。どういうことかと言うと、ライバルとは、競合他社だけではありません。

例えば、あなたが健康のための無農薬野菜を販売しているとします。ここで、はじめに考えなくてはいけないのは、あなたの見込み客がどこにいるかを考えることです。①健康を意識している人、②健康を害している人、最低でもこの2つが考えられます。そして、この2つに該当する人はどこにいるのかを考えます。

まず健康を意識している人から見ていきます。スポーツジムに通っている人、ウォーキングやマラソンをしている人、ラジオ体操をしている人などが考えられます。次に、健康を害している人は、病院・薬局・ドラックストアーで市販薬を購入している人などです。

無農薬とは言え野菜を売っている場合、競合他社は八百屋だと考えがちですが、それは、一部にすぎません。しかし、健康のための無農薬野菜を定義した瞬間に見込み客が滞留している場所が変わり、あなたが想定していた競合以外が浮上してくるのが分かったと思います。では、見込み客の居場所は特定できたとして、その見込み客に無農薬野菜を販売したいとしたら、どうしますか？　チラシをポスティングしますか？　それとも、コミュニティー紙に掲載しますか？　私ならどちらもしません。なぜなら、これらの媒体はせっかく特定した見込み客が含まれている可能性が低いからです。

では、どうしたらいいのか？　先ほど挙げた施設の前で、出てきた人に野菜ではなく「健康」を前面に出したチラシを配ります。もし、ここでスポーツジムや病院の人に文句を言われたら、その施設に交渉してレジに置いてもらいます。そして、そこから注文が入れば、紹介料を払う仕組みさえ作っておけば、堂々と営業ができます。これが、ライバルを味方につけるということです。つまり、ライバルは同じ結果を提供している人になります。無農薬野菜の八百屋というマインドでは、八百屋だけがライバルになりますが、「健康ライフを提案する企業」というマインドになった瞬間にスポーツジムも競合になります。

また、多くの人は無料で紹介してもらおうとします。もちろん、無料が理想ですが、広告費を払えば積極的に宣伝してくれる人が出てきます。広告費を出さず1人でコツコツやっている人は、売上が上限値を迎えます。ですので、どうしたらライバルに協力してもらい多くの人にアプローチできるのかを考える必要があります。それには、最低限の広告費は考えておかなければなりません。それだけで、あなたに信用がなくとも協力者が集まるようになります。そのための第一歩は、「あなたの見込み客はどこにいるのか？」、そして「その見込み客が滞留する場所はどこなのか？」、この2つを考え、あとは協力してもらえるよう交渉に行くだけです。

簡単に見込み客に会えるホットスポット

前項でライバルは競合だけではないとお伝えしました。それを踏まえ、簡単に見込み客に会える方法があります。それはライバルが開催しているセミナーに参加することです。例えば、あなたが営業を管理するクラウドシステムを販売しているとします。お客様の願望は営業社員の業績を上げることで、手段としては問い合わせ数を増やす、営業社員を教育する、などが考えられます。そこで、問い合わせ数を増やすマーケティングセミナーに参加するのです。

その会場には問い合わせ数を増やしたい人が集まっています。そこで名刺交換をして、帰りのエレベーターでこう伝えます「このようなセミナーにはよく参加するのですか？」「私たちは営業社員のモチベーションを上げてアポイント数を3倍にするシステムを扱っています」。相手の願望に合わせた紹介をすることで、興味を持ってもらえます。そこで後日、アポイントを取って営業をすれば顧客にすることができます。私はよくセミナーに参加してリストを集め、顧客を獲得していました。できればセミナーは有料がよいです。なぜなら、お金を払ってでも問題を解決しようとしている人が参加しているので、今すぐ見込み客になるからです。

これであなたは今までとは違った視点を手に入れることができました。広告費だと思ってセミナーに参加すると、低額で見込み客のリストを集めることができる場であることが分かります。

お金を生み出すリストは3つの箱に分けて作る

世の中には3つのリスト作成法があります。それは「買う」「借りる」「作る」です。私は今までに有名なデータ会社やインターネット業者からリストを買ったことがありますし、リストを保有している会社から借りたこともあります。しかし、決裁権のある社長アプローチをしかけていく上で、満足のいく会社に出会うことはありませんでした。結局、今も自社のリストは人の手で作成しています。

多くの会社は一見便利そうなリスト会社から「売上３億円以上、不動産業」などの適当なセグメントで古い情報のリストを買い、ローラー作戦で営業をします。もしくはリストを保有している会社に借りてＦＡＸ・ＤＭを打ちます。しかし、結果につながることは少ないです。「急がば回れ」という言葉がありますが「リスト＝お金」なので１件１件、時間をかけて丁寧にリストを作ることが一番の近道なのです。私は集客力ＵＰのオンラインセミナーを定期開催していますが、昨年は３３２人が参加されました。その中で「集客がうまくいかなくて困っています」と相談されることがあるのですが、相談に来る人にはある共通点があります。それは『リストを持っていない』ことです。集客に困っている人はリストがない人なのです。では、どうやってリストを作れば効率よくお金を生み出せるのか？　その答えはリストビルディングです。リストビルディングとは文字通りリストを構築することですが、リストを集めるだけではなく、リストの質を高めることの両方を意味します。まず、リストは３種類に分けて管理しなければいけません。それが、

①ホットリスト②ウォームリスト③コールドリストです。

①のホットリストとは既存顧客のリストです。つまりあなたの会社に1円でもお金を払って何かを買ってくれた会社のリスト、そして、直接競合のお客様です。直接競合のお客様をどうやってリスト化すればよいのかは第1章でご確認ください。インターネットとアナログの手法を使って、競合他社で商品を購入した会社をリスト化していきます。ホットリストはお金を払ってでも問題を解決したい会社なので、魅力的な提案とタイミング次第であなたの商品を買ってくれます。

競合には直接競合と間接競合の2種類存在します。「直接競合」とは同業者で、あなたと同じ商品やサービスを提供しているライバルのことです。「間接競合」とは、あなたと違う商品やサービスを、同じお客様に販売している競合のことです。例えば「コンビニエンスストア」の場合、セブンイレブンなら「ローソン」や「ファミリーマート」が直接競合になります。しかし、提供しているものが「飲食物」として考えると、「弁当屋」「飲食店」「スーパーマーケット」なども競合になります。これが「間接競合」です。

ほかにも、私のような「法人集客コンサルタント」の場合はどうでしょうか？「コンサルタント」の場合は、直接競合は「コンサルタント」になりますが、「新規客の獲得」

を価値と考えると「営業代行サービス」や「決済者マッチングサービス」などが「間接競合」になります。また、私のクライアントで日本一の格安レンタカーのフランチャイズビジネスを行っている企業がありますが、フランチャイズの価値を「新規事業で収益拡大」と考えるなら、レンタカー以外のフランチャイズビジネスを行っている企業が間接競合になります。

このような観点からあなたがお客様へ提供している商品やサービスがお客さんに「どんなメリット」を提供しているのか考え、同じようなメリットを提供している相手はどこにいるのかを書き出し、リスト化してください。おそらく直接競合は、相見積もりで比べられたりするので、数社は頭に浮かぶと思います。あまり競合を意識したことがない場合は、お客様にこう聞いてみてください。「弊社と比較した会社はありますか?」「過去に同じような取り組みをした会社はありましたか?」。すると、お客様が競合を教えてくれます。

次に②のウォームリストとは、あなたの会社に1度でも問い合わせや資料請求、セミナーなどに参加してくれた会社のリスト、そして間接競合のお客様リストです。このリストはあなたの商品サービスがもたらす効果効能に興味はあるけれども購入していない人です。

ともすると「直接競合」に目が行きがちですが、購入するお客様側としては、願望が叶ったり、痛みから解消されるのであれば、どこの商品かは一切関係ありません。間接競合のお客様もリスト化していきましょう。

最後に③のコールドリストとは、あなたの会社の商品を買う可能性がある会社のリストです。これは既存顧客の共通点を調べることからスタートします。あなたの会社にお金を払った顧客企業をベースに共通点を調べていきます。まずは既存顧客の会社名をインターネット検索していきます。すると、あなたの顧客がある求人サイトで広告を出していたり、どこかの広告媒体で広告出稿をしていたり、どこかの会に所属していたり、YouTubeに出演していたり、社長がインタビューされているかもしれません。このようにインターネットを検索するだけで情報が見つかりますので、求人サイト、広告媒体、所属組織、YouTube、インタビューサイトに掲載されている共通点のある企業をリストアップしていきます。もし、インターネットを検索しても何も見つからない場合は、前述のように顧客に直接聞くことです。すると同じような属性を持つ企業リストが見つかります。

次に大事なのは顧客同士の共通点です。既存顧客を調べ、最大公約数を見つけていきます。私のコンサルティング現場で共通点を調べる際には、クライアントから「ウチの顧客は業種も規模もバラバラで共通点は特にないです」とよく言われます。しかし、深く調査したり質問していくと、意外な共通点が見つかる場合がほとんどです。このように、リストは想像ではなく、お金を払った企業をベースに共通点を見つけて構築していきます。この視点を無視してターゲットを決めても時間の無駄です。

文化がある企業を優先的に狙う

今までのやり方は、まず業種やエリア、売上規模でセグメントし担当者リストを作るというものでした。次に電話やＤＭ、メールを送り訪問の約束を取る、挨拶にいく、商品を提案するという順に進みます。ところが、そうやって取りつけた商談のほとんどは、成約につながりません。なぜなら、お金を払ってあなたや競合の商品サービスを買ったことがないからです。

このように「お金を支払ったことがない＝決済が通ったことがない」企業を説得するのは時間がかかりすぎます。短時間で成約に結びつけるには、お金を支払う文化を持った企業に優先的にアプローチすることです。私はこのリスト作成を通じて、ビジネス法則を見つけました。それは、お金を払う企業がいれば、ビジネスは立ち上がるということです。ところが、この順序を逆にしてしまうと、全く立ち上がりません。多くの会社が集客に失敗するのは、この順序が逆だからです。先に売れそうな商品を作り、その商品を買ってくれる見込み客を想像で探す。もしくは交流会などに出かけて行って時間を費やし必死に商品を紹介する。しかし、現実にはほぼ売れず、次第にリストが枯渇し、アプローチする営業マンのモチベーションは下がり撤退へ一直線となってしまいます。

賢いあなたは、新規事業を立ち上げるのであれば、まずお金を払う見込み客がいるのかを確認してください。お金を払う見込み客に現状の不満を聞いて、どんな商品があれば欲しいのか聞き商品化する。そうすれば、新規事業が立ち上がります。新規開拓の極意は、はじめはあなたが売りたいものを売らず、相手が欲しいものを売ることです。そこで成果が出たら、次にあなたが本当に売りたいものを売ることです。相手の欲しい物を知ることができる魔法の質問は「お金を払ってでも解決したい問題はありますか？」「今、お金を払っているものは何ですか？」です。

リストはお金を生む源泉、慌てずじっくり手作業で

コールドリストに必要な情報は「企業名、企業URL、住所、電話番号、代表者役職、代表者氏名、問い合わせフォーム」の7項目です。この項目を1件1件企業のホームページを見ながら丁寧に収集していきます。もちろん、時間がかかる作業ではありますが、リストはお金を生む源泉となります。

もし、あなたがリスト作成に割く時間がなければ、クラウドソーシングを活用するとよいでしょう。企業が不特定多数に業務を発注できる仕組みのクラウドソーシングは、アウトソーシングの一形態で、発注側は人材採用コストを抑え、必要な時にピンポイントで業務を発注できるのがメリットです。内容にもよりますが、簡単なリスト作成データ入力だと相場は1件数十円からあります。もしくは、Webクローリング（Webスクレイピングとも呼ばれる）ツールを使うことで、Webサイト上の情報をシステムが自動的に収集する作業を行ってくれ、時間を短縮できます。プログラミング技術がない人でもWebクローリングやスクレイピングを実行できます。無料でも使えるツールが数多くあるので、

Web上に公開されているデータを効率的に収集して業務に活用したいと考えているなら、ぜひ一度利用してみてください。それでも駄目なら専門家に依頼しましょう。社長宛ての郵送DMリストを作るときは社長の名前が必須となります。会社のホームページを調べ、名前を確認していきましょう。

常にリスト化し育てることを考える

リストビルディングは集めるだけでは終わりません。リストからより効率良くお金を生み出すにはあるモノが決定的に欠けています。それは、信用です。あなたはリストの重要性に気づけていますか？　江戸時代には火事があった際、まず、持ち出すのは現金ではなく「顧客名簿」だったといいます。お金よりも顧客名簿のほうが大事なのです。そして、この顧客リストは時代を問わず、お金の源泉になるものです。しかし、あなたはこの顧客リストを十分に活用できていますか？　もし、リストビルディングをないがしろにしていたら、せっかく広告費をかけ、集めたとしても意味がなくなってしまいます。顧客リストさえあれば、お客さんは、すでに目の前にいます。もし、そのリストでは反応が取れないというのであれば、それは、あなたの企業に信頼がないからです。

その証拠に例を出しましょう。あなたにはビジネスの師匠はいますか？　私には円山広行さんという師匠がいるのですが、師匠から「藤原くん、税理士は社長と会社を元気にする○○税理士事務所が良いよ」と言って税理士を勧められたら、比較検討など一切せず、値段も聞くことなく即決で税務顧問契約を結びます。

このことは、商品サービスよりも紹介してくれる人の信頼のほうが重要だと物語っています。あなたは商品の中身で選ばれると勘違いしているかもしれませんが、法人ビジネスの場合は特に信頼がない企業とはどんな好条件でも契約をしません。したがって商品を売る前に信頼をしてもらう必要があります。

そして、定期的にコンタクトを取らなければ、忘れられてしまいます。仮にリスト先の企業があなたからの情報を待ち遠しいと思うようになれば、どうでしょうか？　その名簿は、ただのリストではなくあなたのファン名簿に変わります。ファン化すればするほどあなたの商品が待ち遠しくなります。リストは資産と同じです。定期的にメンテナンスしなければ、その資産は価値を失います。リストは量も大事ですが、質のほうが重要です。今日からあなたのリストの信頼を積み重ねていきましょう。

リストに対して一番効率良く信頼構築できる方法は、社長がメールマガジンを書いて発信することです。あなたの商品サービスに興味がある人に対して社長が定期的に情報発信をすることで、その企業の考え方や実績なども分かります。YouTubeで発信する、本を出版する、セミナーに登壇する、メディアに出演する。これらもリスト化の手段であり、信頼構築の1つです。社長こそが行うべき仕事はリストビルディングです。なぜなら、新規顧客が獲得できなければ企業は必ず倒産するからです。見込み客を集めること。それはリスト化から始まります。リスト化し、信頼構築さえできれば商品など簡単に売れてしまいます。後のセールスは従業員に任せればよいですし、リストに対して他社の商品を販売することも可能となります。「新規リストを1000件プレゼント!」と言われれば一見価値があるように思えます。

しかし覚えておいてください。リスト自体には価値がありません。信頼構築ができたリストに価値があるのです。

リストに対し適切な提案する

法人集客の基本は、「見込み客リストを集めること」です。そのリストを集める方法は無数にあります。結局のところ、お金を使うか、時間を使うかの2択になります。ただ、世の中にはリスト集めが得意な企業がいます。月に何千万円と広告費を使ったり、社員や業務委託の電話部隊を何百人と抱えたり、外部パートナーや専門家を何十人と抱えることで、月に何千と見込み客を集めることができるのでリスト集めには苦労していません。

あなたもそうなりたいと思うはず。でも、彼らは特別です。まねしようと思ってもまずその通りにはいきません。そこを目指すのは危険です。ランダムに何千と集めたリストに数打てば当たる戦法をやっていては成功は遠いです。ですから、数だけを追うような集客はやめましょう。数を追えば追うほどしんどくなり、起業家も営業マンも疲弊します。そのためには「見込み客リストが少なくても売上が上がる集客」が必要で、集めたリストがどういった願望を持ち、痛みを感じ、フラストレーションを持っているのか、リストを理解し、リストに対して適切な提案をしていく必要があるのです。集客は量ではなく質です。

この考え方を完璧に理解し、実行できたときにあなたの売上は一気にアップします。

例えば、顧客リストに対しては、次なる願望を叶えるプログラムを提案したり、顧客紹介をする外部顧問契約を提案します。提案するネタがなければ、お金を払ってでも解決したい課題は何かありますか？　と1社1社に聞く。直接競合のリストに対しては業界のフラストレーションを指摘して、自社にスイッチしてくれた事例を出し勉強会を提案する。過去に資料請求をしてくれたリストや間接競合のリストには成功事例を次々と出して、個別説明会を提案する。コールドリストに対しては商品を売るのではなく、その商品に興味がある人を集めることに徹底した企画を提案する。このように、集めたリストに対して適切な提案をすることが必要なのです。

私は、集めたリストに対し適切なメッセージを届けて提案するためには、郵送DMが一番効率的だという結論に達しました。次章から、郵送DMを使って顧客開拓をする方法をお伝えしていきます。

新規客獲得コラム：相手から買わせてくださいと言わせるテクニック1

3章を読んでいただき、ありがとうございます。ここでは即効性のあるテクニックを紹介していきたいと思います。営業パーソンにとって最も重要なことは何か。それは、商品をお客様に買ってもらうこと、そして満足して喜んでもらうことです。その喜びと交換するのが売上です。稼ぎたいなら相手を満足させ喜ばせる。売れる営業になるには、どんなふうに考えていけばいいのか、最も重要な考え方をお伝えしたいと思います。それは、実にシンプルで、お客さんの立場になって考えるということです。何度も聞いたことがあるかもしれませんが、もっと具体的に知りたい、と思いましたか？ お客さんの立場で考えるという言葉はシンプルですが、できている人はわずかです。ですから、どうやって考えるのかを話していきます。

実は、すべてのお客さんは、こんなふうに考えています。

「現状から理想へ移動したい」

これだけです。「現状⇒理想」このように、今ある現実から進んでいって、理想に到達していきたい。本当にコレだけです。人は常に、この状態を行ったり来たりしている。ただ、それだけなのです。ただし多くの場合、理想に行けずに困った事態がおきます。つまり、壁が現れます。壁に阻まれて理想に到達することができません。イメージにすると「現状⇓壁⇓理想」という状態になるのです。例を出しましょう。

例：売れる営業になりたいが、現状は「売れない」。

理想は「売れる」。壁は「上司の教育通りにやったが結果が出ない」「有名コンサルの指導を仰いでもできない」「商品の営業手法と戦略が疑問」。その壁によって、売れる営業になりたいけど、売れない状態が続いているということです。そして、この壁を取るのが、商品であり、サービスです。商品にはいろいろな例があります。営業本、営業研修、営業コンサルティング、同行営業、セミナーなどなど。

こんなふうに、理想と現状の間の壁を取るために、様々なサービスが生み出され続けているというわけです。そして、お客さんはこの構図の中で商品を買っているということを理解してほしいのです。そして、商品を提供する営業パーソンは、お客さんが「現状⇓理想」という状況になれるように商品提案の前に現状と壁と理想の3つを確認することが基本です。基本を押さえて商談するだけで、相手から買わせてくださいと言われるようになります。この続きは4章のコラムで書いていきます。

第4章

郵送DMの成否をわける「内容物（コンテンツ）作成」

ホームページ、交流会、紹介ではうまくいかない

法人で何かの商品サービスが必要になったとき、どうやって探しますか？　おそらくインターネットで検索するか取引先や知り合いに相談すると思います。これを考えれば分かるように、法人ビジネスで新規客を獲得したければ、必要性と検索需要が高い商品を扱うことが適切です。

しかし、私の扱っていた商品は検索需要が全くない、いわゆる「探されない」商品でした。商品が完成し意気揚々とホームページを作り、インターネットに公開しました。鼻息荒く問い合わせが入るのを待っていましたが、待てど暮せど問い合わせは来ません。あれ？おかしいな…何度もホームページからの問い合わせを確認しても何も起きません。1日、1週間、1ヶ月と時間だけが経過していきます。

これでは駄目だと思い、知り合いのつてを頼って交流会に参加しました。実際に会って名刺交換すれば自社の商品に興味を持ってくれたり、紹介をもらえるかもしれない。そう

思っていましたが、結局、交流会は商品を購入したい人の集まりではなく、紹介が欲しい人の集まりです。そして、交流会に来る人の業種や企業規模はバラバラです。このため、私の商品を買ってくれる人はいませんでした。だったら紹介だ！　と思いましたが、私は東京に引っ越してきたばかりで紹介してもらえるだけの人脈はありませんでした。何より、紹介は、してほしいからといって紹介してもらえるものではなく、相手主導でコントロールができません。今月5社の契約が欲しいからといって、5人を紹介してもらえるわけではありません。では、どうしたらいいか？　買ってほしい社長に直接アプローチして商品を知ってもらうしかない…行きついた答えは郵送のＤＭでした。

郵送ＤＭを構成する6つのアイテム

郵送ＤＭと聞くと、今更ですか？　開封されないのでは？　読まれないのでは？　という声が聞こえてきそうです。ここで述べるＤＭは、おそらくあなたがこれまで作成してきたＤＭとは大きく概念が異なるものです。なぜなら商品をほぼ前面に出さずに集客を実現するものだからです。もう一度、思い出してください。商品は壁です。お客様は、商品が欲しいのではなく願望達成や問題解決をしたいだけなのです。

ではなぜ、あなたがこれまで行ってきたDMでは反応が取れなかったのか。それは、商品を丸出しにしていたからです。あなたが、どんなにいい商品を使っていたとしても、新規客はその事実を知りません。そして、新規客はあなたのことを怪しい詐欺師だと思っています。これは、あなたが逆の立場で考えれば、すぐに分かります。新規と既存の集客を混同してはいけません。

では、1000社を開拓した郵送DMはどのように作るのか？ それは、6つの要素で構成されています。「封筒」「挨拶状」「返信用紙」「ストーリーレター」「チラシ」「フォローコール」です。では、順を追って作成方法を紹介していきます。

受付に捨てられる外装と捨てられない外装の違い

1つ目の要素である「封筒」についてです。社長相手に郵送DMを送る場合、読まれる前に1つの障害があります。これを突破しないと、どれだけ素晴らしいDMを作っても無意味になってしまいます。逆に突破できれば契約まで1歩近づくことができます。その障害とは「郵便物を受け取る担当者」です。郵便ポストに届いたDMを社長の机に置くのか、

OfficeTV 社の封筒

ゴミ箱に捨てるのかを決めるのは受付なのです。あなたの自宅にある郵便ポストに郵便物が入っていたときにも、中身を見るＤＭと捨てるＤＭがあると思います。

では、どうすれば担当者に捨てられないのか？　２つポイントがあります。１つは社長の名前が入っているかどうかです。名前が入っていなかったり、代表者様などと書いてあれば捨てられる確率がぐんと高くなります。２つ目は自分で判断できない外装かどうかです。例えば、見た瞬間に売り込みだと分かるＤＭは即刻ゴミ箱行きです。知っている取引先ならまだしも、知らない会社から売り込み臭がプンプンするカラーのチラシは捨てられます。これなんだろうな？　担当者では判断できない外装であれば社長の机に届きます。では、どのような外装がいいのか？　世の中には受付が絶対に捨てるという判断ができない書類があります。それは請求書です。あなたの会社に届いた請求書を思い出してください。多くは窓付き長三封筒で紙に宛名が印字されていて、封筒には会社の住所などの情報だけが記載され『請求書在中』のスタンプが押されていたと思います。捨てられない請求書と同じように、封筒は窓付き長三で必要最低限の会社情報だけを掲載してください。そして、切手を貼る箇所には『料金別納郵便』の印字を印刷しておくと便利です。大量の郵便物を差し出すときに、切手を貼る手間が省けます。

ただ、このように伝えると、切手を貼ったほうがいいのではないでしょうか？　宛名は手書きのほうがいいのではないでしょうか？　と質問されることがあります。封筒の目的は捨てられないことです。もちろん私は切手を貼ったパターンとそうではないパターンを実験したこともありますし、宛名手書きのパターンと手書きではないパターンを実験したこともあります。しかし、両者に差はありませんでした。あなたがお金と時間を持て余しているのであれば、1枚1枚切手を貼り、宛名を手書きで書いてください。しかし時間と手間がかかるのでコストが上がります。コストが上がると継続的に郵送DMを出すことが厳しくなっていきます。広告は継続して出さないと効果はありません。

挨拶より先に見せるべき「フック要素」

２つ目の要素である「挨拶状」についてです。マーケティングの基本に『３つのＮｏｔ』があります。３つのＮｏｔというのは、

「読まない」　→Not Read
「信じない」　→Not Believe
「行動しない」→Not Act

という意味なのですが、郵送ＤＭを送る時にこの『３つのＮｏｔ』を根底に置いて作成しないと反響が得られません。集客がうまくいかない人は心のどこかで、自分が作った文章を読んでくれるだろう、信じてくれるだろう、行動してくれるだろうと思っています。しかし、郵送ＤＭを送った先の社長は、あなたの文章を読まないこと、信じないこと、行動しないことを前提に考えないといけません。

したがって、どうやったら読んでもらえるだろうか？　どうやったら信じてもらえるのか？　どうやったら行動をしてもらえるだろうか？　ここを真剣に考えて作り込まないと

成果は出ません。封筒を開けた瞬間に興味のない売り込み臭プンプンのチラシが入っていたら読まずにゴミ箱へ捨てます。興味がなければ、一切見ようともしません。なので、読んでもらうためにはお客様に興味を持ってもらわないといけません。では、どうしたらいいか？

『3つのNot』の「読まない」に対しては短期的欲求（悩み・願望）を狙ったプレゼントメッセージを打ち出すこと。「信じない」に対しては実績を出し証拠を提示すること。「行動しない」に対しては放置するとどんなリスクが発生するのか、緊急性や限定性を打ち出すことです。ですから、郵送DMの挨拶より先に書くべきフック要素は、「短期的欲求を狙ったプレゼントメッセージ」です。あなたは自分が興味のあるものをプレゼントされて嫌な気分になることはありますか？　何かあなたの商品サービスで相手にプレゼントできるものを用意し、挨拶よりも先にプレゼントしていますとメッセージを伝えてください。

短期的欲求を狙ったプレゼントメッセージを出す

新規の獲得は短期的欲求を狙わなくてはいけません。短期的欲求という言葉を聞いたこ

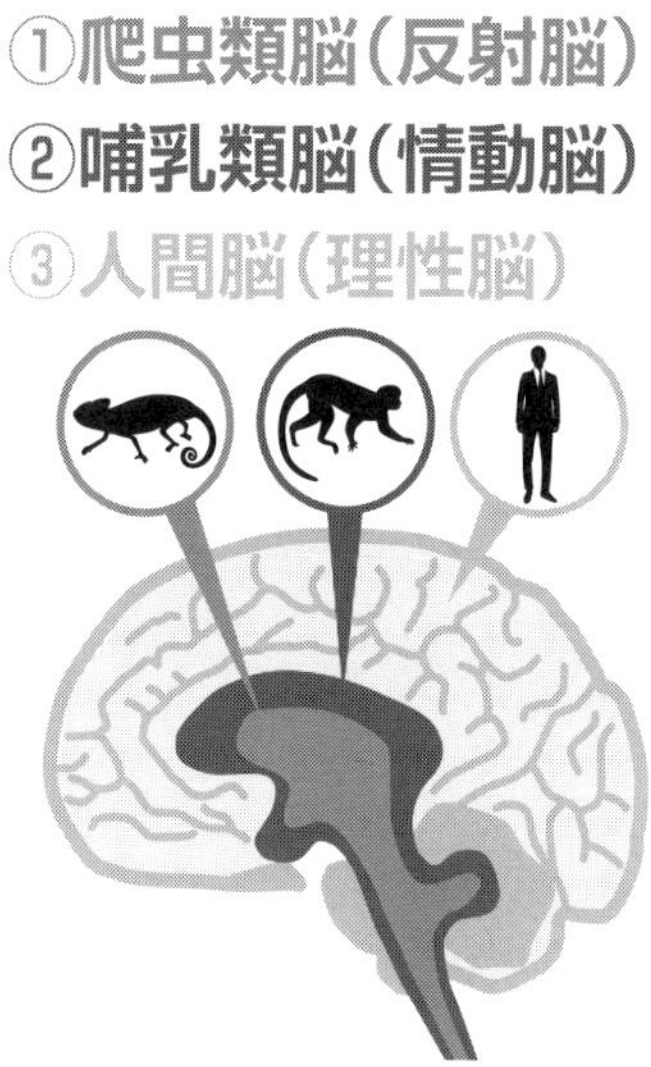

3つの脳

とがありますか？　実は、人間の中には3つの脳が存在しています。1つ目は人間脳。これは理性を司るところです。2つ目は哺乳類脳。これは感情を司るところです。3つ目は爬虫類脳。これが本能を司るところです。このような3つの脳が存在していて、本能を司るところが短期的欲求なのです。

よく、話している理屈は正しいのに売れない人がいます。なぜかと言うと、人間脳に位置するところにしかアプローチしていないからです。ここは賢いのです。特に新規の場合、相手に対して信頼がないので、理論や理屈で買ってもらうのは難しいです。それであれば、感情にアプローチを仕掛ける方法があります。「人間は感情で物を買って理性で正当化する」という言葉を聞いたことがあるかもしれません。ただ、感情とか理屈の先にもう1つあるのです。それが爬虫類脳で短期的欲求です。例えば、爬虫類のカメレオンがいるとします。目の前にハエが飛んで来たら、パクっと食べます。その時、カメレオンは、おいしそうだなー、何かわくわくするなー、あれを食べたら今日お腹いっぱいだなーなどと、考えながら食べていると思いますか？　ハエが飛んできたら食べる。これを本能的にやっています。これが人間の頭にも太古の昔から残っていて、それが爬虫類脳です。なので、人間はここを刺激されると我慢できません。

例えば、インターネット広告で「ワンクリックするだけで100万円が手に入ります」というような胡散臭い広告が目に入り、ついついクリックしてしまうのは、短期的欲求を狙われているからです。賢いあなたは販売者として、今の商品で何が短期的欲求になるのかを常に考えなくてはいけません。ポイントは見込客の願望や痛みから入ることです。まずは見込客の現実を知って、その共通点探しをする。その中でできるだけ、短期的な欲求を探すことです。

ではなぜ、短期的欲求を狙わないといけないのか？　それは、新規客はできるだけ現状を変えたくないと思っているからです。例えばダイエット。よほど大きな不満がない限り、今の取り組みを変えたくありません。なぜかと言うと、面倒くさいからです。新しい取り組みの際は、うまくいかなかった時のリスクも考えるので、新規客は「できるだけ簡単に変わりたい」と思っています。どんな商品であってもです。実は「メリットは分かるが面倒くさい」が断りの大半なのです。販売者は難しいことを言って理屈をこねて納得してもらえば買ってもらえると思っていますが、そうではありません。したがって、新規客を獲得したければ、あなたの商品をできるだけ簡単に見せることが必要です。

今後、新規客をどんどん増やしていかないといけません。その場合、いい商品を作り、機能改善をしたことを見せている限り売れません。新規の客数と機能改善は比例しません。もしあなたの会社に反響がバンバン入り、今その商品が欲しくて、いろんなところで検討しているような人にアプローチするなら別ですが、こちらからアプローチして売っていかないといけない。そのためには商品の話をするのではなくて、まずは短期的欲求を狙って、必要性よりも「欲しい！」と思ってもらうことが大事です。こういった視点を持つと、新規客へのアプローチが全く変わってくると思いませんか？　新規客はこのような考えをしていることを忘れないでください。ではどうやってアプローチするのか？　集客するのか？　その答えが短期的欲求を狙ったプレゼントメッセージです。

具体例を出したほうが分かりやすいと思いますので、紹介します。営業実績グラフシステムを販売している会社があります。以前はシステムの名前、特徴、メリットを訴えていました。しかし、全く反応がなかったのです。そこで、このようなメッセージに変えました。

『営業マンが自ら動きたくなってしまう仕組みセミナーＤＶＤをプレゼント』

すると、とりあえず無料のセミナーＤＶＤが欲しいというお客さんから反響がくるようになり、社長アポイントが年10件だったのが年４００件に増え、１５０社の契約を取れるようになりました。短期的欲求を狙うメッセージを作るときのポイントは、「何がどうなるのか？」という視点です。あなたの商品サービスを使うことで「会社が儲かる」「年商が月商になる」「社長アポイントが10倍になる」など、具体的に書きましょう。それに加えて、簡単そうに見せることで相手が反応してきます。「掃除をするだけで会社が儲かる」

「プロモーションをするだけで年商が月商に変わる」「郵送ＤＭを送るだけで社長アポイントが10倍になる」。

もし今、あなたの商品が売れていないとしたら、売る努力をしていないからです。商品を全面に押し出すのではなく、もっと頭に汗をかいて、短期的欲求を狙ったプレゼントメッセージを訴求していきましょう。売れないと、ほとんどの人が、新商材や機能改善などにお金を使ってしまいます。でも、そんなところに答えはない。どうしても商品に固執し、この商品最高、俺最高とやってしまいます。プレゼントで売れ行きが変わるので、もっと、短期的欲求を狙ったプレゼントを企画してください。多くの企業が想いや志はあるのですが、アプローチ方法が下手なので売れていません。もし、今メッセージを特に考えてなくてもお客様が増えているのであればそれは市場の力です。なので、メッセージを追加するだけでもっと大きな売上を得ることができます。そのためには見込客の現実を知ってどんなことに関心があるのか？　興味があるのか？　フラストレーションがあるのか？　を聞いていって、そこにマッチするメッセージを届けることが必要です。ここで、いったん読むのをやめて、短期的欲求を狙ったプレゼントメッセージについて、時間を取って考えてみて下さい。

DMはラブレター。複数のことを言わない。ゴールまでは一本道

クライアントの郵送DMをチェックしていて、反応が取れない人に共通することとしていつも気になっていることがあります。それは、自分の言いたいことを言っているということです。例えば、キャッチコピーや本文、すべてにおいて、自分中心になっているというこです。これでは、反応を取ることができません。なぜなら、お客様は、基本自分のことしか考えていないからです。そのため、あなたの素晴らしい主張を聞いている暇などないのです。しかし、同じ内容であっても、お客様が真剣にメモを取りながらあなたの話に耳を傾け聞き入るようにすることもできます。

ここでのポイントは、大切な1人に向けたラブレターのように書くことです。あなたは見込み客のことを本当に理解していますか？　どのような言葉を言えば興味を持ち、どのような言葉を言えば怒るのか知っていますか？　郵送DMを書く練習方法として、「大切な人への感謝の手紙」を書く方法があります。あなたには家族、パートナーなど大切な人

がいると思います。その人に向けて感謝の手紙を書いてみてください。何を書こうか？と考える時、相手が普段話している言葉、好きなこと、嫌いなことなどを思い浮かべると思います。なぜ、書けるのでしょうか？　それは普段から接している時間が長いからです。実際に両親やパートナーに手紙を書いて郵便ポストに投函してみてください。

お客様は、あなたの商品のことなどそもそも興味がありません。しかし、興味を持ってもらわなければ、商品を見てもらえません。では、どうしたらいいのか？　それは、お客様の一番の関心事にアプローチするしかありません。新しい色々なことを言われると嫌になってしまうのです。なぜなら、人は、新しいことを行う際に強いストレスを感じるからです。ですから、はじめからすべてを言うのではなく一番の関心事にフォーカスし、伝えていく必要があります。そのためには顧客になってくれた人から「どういった願望があったのか？　どういった痛みがあったのか？」を聞いて共通点を探し、キャッチコピーに記載します。

または、放置するとその痛みや問題がどうなってしまうのかを記載していきます。もしくは敵を設定し、玉砕します。敵とはその人が信じて今取り組んでいることです。玉砕するには公共機関などのデータを出すか、顧客事例を出して証拠を提示します。

メッセージは言うだけでは意味がなく、行動してもらって初めて価値となります。そのためにも、まずはどうしたら話を聞いてもらえるかを考え、1つにフォーカスすることです。基本は1メッセージ、1ゴールです。伝えたいことを結論から伝え、最後に何をしてほしいのかを明確に書いてください。最後は行動促進です。電話をしてほしいのか？　FAXで連絡してほしいのか？　ホームページにアクセスしてほしいのか？　文章の途中であっちこっちに寄り道させないようゴールまでは一本道にしておいてください。

商品は壁

郵送DMの壁である「信じない」Not Believeを乗り越えるときに、「商品は壁」ということを意識してください。要は、商品を全面に出したDMはダメということです。特に商品に惚れて起業した人、世界では有名だけれどもまだ日本に入ってきていない商品や特許を取得した商品を扱っている人が陥りがちな罠です。結局、商品が最高だから売れるということはないのです。

では一体みんな何が欲しいのかと言うと、商品の先にある願望を叶えることや、痛みを解消することだけなのです。つまり商品はあくまでその過程でしかないということを、改めて押さえておいてください。商品はお客様にとってみれば、言い方は悪いですが障害です。しかし、販売者になった瞬間に、この商品を使えば最高、あなたのビジネスが良くなります、だから買ってね、というふうに言いますが、お客様というのは、願望が叶えばそれでいいと思っています。さらに言えば、新規のお客様は無料だったらよいと思っています。これを無視して俺の商品最高！　とアピールすると、商品が売れません。だから常に商品は壁、そして、商品は願望や痛みを解消するためのツールだという発想にしてもらいたいです。

こう考えていくと、今までの発想はどういうふうに変わってきますか？　ＤＭに書くべきなのは商品説明ではなく「実績」です。商品を使うことでどういう願望が達成されるのか？　今まで何社が試したのか？　どういう結果が出たのか？　Before→Afterでお客様の実績を書いていきます。出版や連載など、メディアでの実績もあれば書くとよいです。

挨拶状の書き方

・挨拶状を構成する5つの要素

1. キャッチコピー
2. ボディコピー
3. クロージングコピー
4. 追伸
5. 社長顔写真

挨拶状に必要なのはこの5つです。それぞれを解説していきます。

キャッチコピー

社長アポイントを10件⇒400件にした経営セミナーを無料プレゼント
なぜ、ただ「郵送DM」を決済者に送っただけで新規客が殺到し、
ゼロから1，000社を新規開拓できたのか？

ボディーコピー

こんにちは株式会社OfficeTV代表の藤原と申します。貴社ホームページを拝見し、
ゼロから1,000社を開拓した経験が集客＆売上げアップに役立てると思いご連絡しました。

金なし・コネなし・実績なしから、1,000社を開拓
弊社は『ゼロセン』というコンセプトで、最短距離で1,000社を開拓したい社長に法人
獲得ノウハウを提供しているコンサルティング会社です。お陰様で東証プライム上場
企業から個人事業主までクライアントに持ち、集客＆売上UPの実績があります。

▲-4,000万円（負債）から、累計売上10億円の企業となった奇跡の逆転劇
開業2年の経営者が販売不振で会社整理を考えていましたが、私の“社長集客を自動化する
仕組み”を導入後、社長アポが年10件→400件に激増し、累計売上10億円を超えました。

6年連続で社長アポ400件超、新規客が殺到する社長集客の仕組みとは？？
「こんなに簡単でいいのか…？」社長が思わず呟くらい、社長集客の仕組みはとてもシン
プルで、今でも毎年400件以上の社長アポが途切れることはありません。

社員がゼロでも、毎月50人以上の優良見込み客が集まる仕掛けとは…
このセミナーで私が伝える方法を実践すると、優良な見込み客が集まるようになります。

クロージングコピー

但しこのノウハウを用いる会社が不用意に増えると困るので、
「人数限定」でのプレゼントとさせていただきます。
セミナー無料プレゼントは、今すぐ同封の「FAX返信用紙」からお受け取りください。

追伸

追伸
想像してみてください・・・
集客が自動化され毎月安定して新規顧客が獲得出来ている状態。

今回、セミナーではそんな仕組みを作る3つのポイントと実例をお話します。
ご多用中恐縮ですが、「4月25日」までにFAXご返信願います。

株式会社 OfficeTV
代表取締役　藤原智浩

社長の顔写真

挨拶状の基本構成

・キャッチコピー
・ボディコピー
・クロージングコピー
・追伸
・社長の顔写真

1. キャッチコピーの目的は、見込み客の興味を引いて、先を読んでもらうこと。
そこに書くべき内容はこの3つです。
・何がもらえるのか？（短期的欲求を狙ったプレゼント）
・コンセプト（どのようなベネフィットが得れるのか、誰が、何を使えば、どうなれるのか）
・なぜあなたが、そんなことを言えるのか？（実績）

2. ボディーコピーの目的は、見込み客の心理に答え、行動してもらうこと。
そこに書くべき内容はこの5つです。

見込み客は「なぜ私に連絡してきたのか？」と思っています。
なので、アプローチした「理由」の要素を書きます。

見込み客は「あなたは誰なのか？」と思っています。
なので、会社の紹介をし「信頼」の要素を書きます。

見込み客は「私に何をしてくれるのか?」と思っています。
なので、あなたにお金を払うと手にできる「結果」の要素を書きます。
見込み客は「私に本当にこれが役立つのか?」と思っています。
なので、役に立つ理由と証明をする「実証」の要素を書きます。
見込み客は「私にリスクは無いのか?」と思っています。
なので、不安を取り除く無料オファーを提示し「安心」の要素を書きます。
「理由」「信頼」「結果」「実証」「安心」の5つの要素を盛り込みます。

3．クロージングコピーの目的は相手に行動してもらうこと。
そこに書くべき内容はこの3つです。
・どういう行動をしてほしいのか（行動要請）
・行動しないとどういう痛みがあるのか（限定性）

・今、動いてください（今スグ行動）

「行動要請」と「限定性」を打ち出し「今すぐ行動」を依頼します。

4．追伸の目的は最後に何が手に入るのかをまとめて、相手に行動してもらうこと。
そこに書くべき内容はこの2つです。

・ボディーコピーの内容を簡潔にまとめる（一言）
・サービスを手に入れるとどんな未来がまっているのか（未来）

追伸だけをみてもサービスを受けることの「ベネフット」や「未来」が分かる文章をいれます。

5．社長顔写真の目的は、信頼を得ること。

何を言うか？よりも誰が言うか？が大事です。

社長から社長へのメッセージだと見た目で分かるよう、社長の顔写真を掲載します。

相手に手間をかけさせない「返信用紙の作り方」

3つ目の要素である「返信用紙」についてです。郵送DMの壁である「行動」Not Actを乗り越えるときに必要なことが3つあります。1つ目は『限定性』です。人は限定に弱い生き物です。食べ物なら「1日100個限定です！」車なら「世界で100台しかない限定モデルです！」と言われると、ついつい興味を惹かれます。買い物をするときでも「タイムセール今だけ30％オフ！」と書いてあるとお得な気分になります。焼肉屋の「毎月29日はカルビ半額！」映画館の「毎週水曜日はレディースデイ1000円！」など、世の中を見渡すと行動を促すために限定性が使われています。郵送DMも同じで、限定性を打ち出さないと行動してもらえません。

ただ、「限定性はやりすぎると嘘くさくなる」という原則を覚えておいてください。限定性と真実性はセットで考えます。ですので、あなたが安易に限定性を打ち出していると したら要注意です。ここを忘れてしまうと、正しいビジネスを行っていたとしてもお客様から見たら胡散臭いビジネスに見えてしまうかもしれません。限定性は理由とセットで書いていきましょう。

2つ目は『言ってみる』です。恋愛でもそうですが「付き合ってください」と言わずに、相手を思っているだけでは何も現実は変わりません。その証拠にあなたがお蕎麦屋さんに行って「ざる蕎麦が食べたいな」と思っているだけで蕎麦が運ばれてくることは一生ありません。「ざる蕎麦ください」と口に出すと、目の前に運ばれてきます。相手にどういう行動をしてほしいのかを必ず口に出して言うことが大切です。それと同じで郵送ＤＭでも「ＦＡＸで返信してください」と相手にして欲しい行動を書くことです。これを忘れないでください。

3つ目は『返信に手間をかけさせない』です。郵送ＤＭの内容が良くても返信に手間がかかり「面倒くさい」と思われた瞬間に反響がなくなります。もしあなたが商品の問い合わせをするときに「会社名・部署・役職・電話番号・ＦＡＸ番号・住所・ビル名・名前・ふりがな・メールアドレス」の10項目を、手作業で書かないと申し込みができません！となったらどうしますか？　次のアポイントが入っているから時間もない。そうなれば、

タイトル

オフィスから一歩も出ずに新規客を殺到させる法人集客の仕組み化
オンラインセミナー参加FAX依頼シート(無料)

FAX番号

FAX番号：**03-6385-7658**

依頼元詳細

ご依頼者詳細

※本セミナーは社長参加を必須条件とさせていただいております。ご了承をお願いいたします。

	ご依頼者はこちらで宜しいでしょうか。	左記と異なる場合、お手数ですが下記にご記入下さい
ご住所	東京都渋谷区桜丘町29-16	
建物名	SelfistaShibuya7F	
会社名	株式会社OfficeTV	
参加者	代表取締役　藤原智浩　様	（ご役職）　（お名前）　※左記以外で参加希望者がいらっしゃいましたらご記入ください
メール	@	＊お手数ですが、黒枠記入頂きFAX返信ください
電話番号		＊FAX受領後、確認の連絡を差し上げます
セミナー希望日時	4/4(木)・4/11(木)・4/18(木)・4/25(木) 各10:00～11:00	＊ご希望の日に○印をご記入ください

返信依頼

この用紙をこのままFAXでご返信いただくだけで

無料オンラインセミナー詳細をお送りします。

今スグFAX(03-6385-7658)ご返信ください

プレゼント詳細

- セミナー内容 -

ゼロから6年で1,000社を新規開拓した実績を持つ講師が、
法人開拓で毎月安定的に集客ができる手法を社長に伝授します！

- ✔年間約400件の社長アポを6年連続獲得した社長アプローチ法
- ✔集客数をコントロール（上げ下げ）できるようになる策
- ✔ライバルの見落としを狙う○○○○アプローチ
- ✔ゼロから6年で1,000社を新規開拓できた秘訣　他

講師：株式会社OfficeTV　代表　藤原智浩

他のレスポンス

お電話、Webからでも無料セミナー参加をご依頼いただけます。

お電話　☎03-6277-5319　（平日9時～17時）

QRコード　http://zero1000.jp

会社詳細

株式会社OfficeTV 〒150-0031 東京都渋谷区桜丘町29-16 Selfista Shibuya 7F

返信用紙

後回しになって忘れられます。大事なことは極限まで相手の手間をなくすことです。そのためにはあらかじめ相手の情報を入れた返信用紙を作っておくことです。

返信用紙は相手の文化に合わせて作ります。FAXを送る企業の文化があればFAX返信用紙を、そうでなければ、スマートフォンで読み込めるQRコードの返信用紙がよいでしょう。どれだけ興味を引いたとしても、最後にミスをすると今までの努力が水の泡となります。

相手からの共感を得るストーリーコンテンツ

4つ目の要素である「ストーリーレター」についてです。「30分以内にアツアツのピザをお届けできなければお代はいただきません」。このメッセージによってアメリカの宅配ピザチェーン店ドミノ・ピザは他社と差別化ができ、売上が増えたというUSP（ユニーク・セリング・プロポジション）の話は、マーケティングを学んでいる人なら聞いたことがあると思います。しかし、この話には続きがあります。ドミノ・ピザの成功をまねした競合他社が出てきて、30分以内にピザが届くのは宅配ピザの常識となりました。そして、次なる打ち手として、注文から20分でピザを配達する新サービス「ミッション20ミニッツ」が発表されました。

この話を聞いてどう思いましたか？　競合に対する優位性というのはいつまでも続くものではありません。そして、大きな資本力を持つ企業が参入してきたら、あっという間に追い越されます。だから、一般企業はＵＳＰという言葉に踊らされて差別化で勝負したら負けます。それは郵送ＤＭでも同じです。商品で勝負すると、似たような商品サービスは世の中にたくさんありますので比較されてしまいます。ではどうすればよいか？　それは、商品を売らずに人を売ることです。企業であれば社長を売るのです。そうすればまねされることは絶対にありません。なので、郵送ＤＭを読んだ相手の興味を引きつけるには、人を主軸にした事業発展のストーリーコンテンツを入れ込む必要があるのです。

あなたは、映画やドラマを観たときに共感したことはあるでしょうか。少し、その時のことを思い出して下さい。おそらく、その共感のほとんどはあなたの体験談とシンクロしたからだと思います。ただ、注意点があります。あなたのストーリーと相手の体験に少しでもズレが生じると、シンクロしないだけではなく逆に、うっとうしい存在になります。

欲しがってもいない人に商品を売るのと、今すぐ売ってほしいとお願いされている人に売るのとでは、行為は同じだとしてもまったく意味合いが違います。お客様の中には、必ず感情が存在します。その感情が、共感に変わるか無関心に変わるかだけです。だから、ただ文章を書くのではなく、相手が「今」何を思っているのかを想像しながら構成する必要があります。そして、ストーリーコンテンツ作成で重要なのは、構成です。流れが、相手を引き込みます。

【ストーリーレター構成】

見込み客の理想の願望を文字にする
←自己紹介
←失敗体験
←成功体験
←

顧客の実績
↓
企業理念
↓
顧客が話していた困りごと
↓
行動要請

どうやったら、法人の新規開拓が仕組み化できるのだろうか？

この 6 年で 30,000 時間以上費やし、1,000 社を新規開拓しました。

この 6 年ほど、法人の新規開拓の事ばかり考え続けていました。
理由は単純。もう後には引けなかったからです。

25 歳で結婚して、26 歳で子供ができ、
東証一部上場企業を辞め「無給でもいいから」と
腹をくくり起業したベンチャー会社でした。

株式会社 OfficeTV
代表取締役　藤原智浩

・金なし　コネなし　実績なし　オール 0

港区の麻布十番にあるマンションの一室から 2 名でスタートしました。
事業は企業向けクラウドシステム『SalesPerformer』の開発・販売です。
会社の意向で外部資本は入れない戦略でお金はなし。

私の前職は TSUTAYA を運営する CCC(カルチュア・コンビニエンス・クラブ)で
レンタルビデオ屋をやっていて法人営業の経験はなし。

関西出身で東京には知り合いがおらず、自社開発のシステムだったので実績はなし。

あるのはやる気と時間だけ、その他は全て0の状態でした。

・テレアポ 1 日 200 件、1 年間で 50,000 件、しかし契約 0 件

まず、はじめにやったことはテレアポでした。
お金を使わずにやるにはこれしかなかったのです。

明けても暮れてもテレアポの日々。
1 日 200 件やるので直ぐにリストが無くなりました。何度も電話すると怒られるので、リスト作成が必要です。就業後にインターネットからリストをコピー＆ペーストで作成していました。

コントロール＋C コピー＆コントロール＋V ペーストをやり続けた結果、腕が腱鞘炎になりました。
2012 年、日本で 1 番コントロール C コントロール V キーを押した人間だったと思います。

・やっとの思いでアポを取った！が、1 社目の会社で居眠りをされる

1

ストーリーレター

テレアポの本を読み漁り、トークを確立してやっと取得したアポイント。

でも、商談の経験はありませんでした。

誰も教えてくれる人はおらず我流でやってみた結果、商談相手からコックリさんを喰らいました。

他の企業では「御社のサービスはこれだけですか？」「これでよくお金をとっていますね？」
「事例はありますか？なければ検討できません」という言葉をよく浴びました。

悔しい！見返してやる！必死の思いで商談を勉強していく中で、
法人営業の当たり前の事実に気が付きます。

・担当者は決裁者ではない

中には興味がある反応を示してくれる企業はありました。

でも、返ってくる言葉はいつも「検討した結果、今回は見送ることにしました」でした。


その当時、私は担当者宛にアポを取って営業していました。

しかし、中小企業の場合、決裁権があるのは100%社長です。

担当者に気に入ってもらっても、社長がOKしなければ努力が水の泡です。

・社長にトップアプローチ！ダイレクトメールでアポが取れ始める

社長に営業する！と戦略を変えたことで商品の見せ方も変わりました。

なぜなら、担当者と社長では興味をもつポイントが異なるからです。

ここでまた1つ問題が・・・社長へのテレアポ難易度が高いことです。


そこで考えて出した結論が、ダイレクトメールです。

郵送のダイレクトメールを作成し、テストを繰り返していきました。

封筒、文章、レスポンス方法・・・相手に届くにはどうする？相手に読まれるにはどうする？

相手に返信してもらうにはどうする？試行錯誤を続けた結果・・・

・反響アポ１社目で契約！！

1社目に反響をいただいた豊島区にある企業さんでした。

今までの営業が嘘のようにあっさりと契約を頂けとても嬉しかったです。

ダイレクトメールを送った先にフォローコールをしたら反応は2倍になりました。

2

ストーリーレター

・お金を生む、打ち出の小槌を手に入れた！しかし・・・

リストを作ってダイレクトメールを出せば反響があり、フォローコールをすればアポが取れる。

とても良い循環になっていたので新人の営業を雇うことにしました。

しかし、次の壁が現れます。それは、私と部下では商談受注率が違ったことです。

営業の育成が次の課題でした。

・どうすれば、社長商談で誰でも同じような結果が出せるのか？

これも本や営業研修やロールプレイなど思いつく限りの方法を試しました。

試行錯誤を何年も、商談を何千回も繰り返していった結果、

・法人営業は準備が 8 割、正しい準備の方法
・商品/会社/営業担当への信頼
・感情＞理論、現状→壁→理想、一緒に考える、言ってみる

気づいたら商談数は 5,000 回を超え、このような手法を生み出しました。

法人営業は準備、信頼、感情が大事だったのです。

毎回同じセリフを言うので、商談が作業になり、違う人でも同じような結果が出始めました。

・6 年間連続、年間社長アポ約 400 件、新規契約 150 社、紹介契約 30 社

失敗から学び、試行錯誤を繰り返していった結果、6 年連続同じ結果が出ました。

『再現性ある新規法人開拓の仕組み』を持てたことで安定した事業運営が可能となりました。

1 度、自社で再現性を作るまでは大変ですが、あとは継続するだけです。営業は改善が大切。
法人営業が上手くいってない会社は即効性のありそうなマーケティング手法や営業代行業者に任せる。結果、再現性に乏しく、継続できない。だから、新規開拓に苦しむのです。

・社長の友達は社長！年々楽になる。気づけば 1,000 社を超えていた

これらは、私の体験からきているものですので、
世の中にはもっと素晴らしいやり方がきっとあるのだと思います。

私の方法を一言でいえば
『郵送 DM を主軸で社長アプローチし、1点集中で突き抜ける。社長の友人を紹介頂く』です。

社長アプローチを続けることで横展開が可能となり、年々楽になっていきました。

3

ストーリーレター

・どうすれば誰でも最短で「法人の新規開拓」の仕組みを構築できるか？

ゼロから1,000社を新規開拓した経験を周りの社長に伝えると
「どうやって開拓するの？」「郵送DMって効果ある？」「今度教えて」と聞かれるようになりました。

そこで、思い立ったのです。

「この仕組みを誰でも出来るようにして、たくさんの会社に伝えなければならない！」と。

我々の法人開拓ノウハウを全てパッケージ化し提供するコンサル会社を作ることにしたのです。

その想いで設立されたのが当社、株式会社OfficeTVです。

その結果・・・
●1ヶ月で社長アポ19倍になりました！
●1回のプロモーションで上場企業30社を含む500名を集客できました！
●1ヶ月で見込み客が10倍！1,300万円売上UPしました！
●起業5カ月で売上1,000万円達成しました！
●新規事業開始1.5ヶ月でアポ23件6社の成約が取れました！
など、東証プライム企業から個人事業主まで、幅広い業界で成果が出てきました。

・事業立ち上げの時にこんな人に会いたかった！ということを仕事に

話が長くなりましたがゼロセン法人獲得コンサルティングはこういう想いと背景で創られています。

弊社の役割は「あなたが最短距離で1,000社を作る法人獲得の仕組み構築をサポートします」です。 私のように時間とお金を無駄にし、遠回りをして欲しくないので、あなたを勝たせるサポートをします。BtoB市場に展開していきたい商材や想いがあれば一度お話を聞かせてください。

・社長、こんなことでお困りではありませんか？？

●法人の新規客を毎月安定的に獲得したい！
●時間と労力の切り売りを止め、ビジネスを仕組化したい・・・
●集客方法はいろいろ学んだけど継続して成果が出ていない・・・
●新規集客数が減ってきている・・・
●既存の営業社員では成果が出ない・・・
●新規事業の商品が売れない!

これらは全て私自身が経験し、解決してきました。もしあなたが1つでも該当したのであれば一度、法人集客法を公開している無料セミナーを覗きにきてください。お困りごとを解決してみせます。


この文章を読んでくださったことにご縁を感じます。あなたにお会いしてみたいです。

長文お読み頂きありがとうございました。

株式会社 OfficeTV
代表取締役　藤原智浩

ZERO**1000**　4

ストーリーレター

はじめの段階でつまずいてしまえば、あなたは望む結果を得ることができません。まずは、共感を得ようと考えて構成するのではなく、相手とどうしたらシンクロできるかを考えていけば、おのずと共感ポイントは見つかります。

どのようにその共感ポイントを見つけ、シンクロさせることができるのかと言うと、お客様の「今」を見て、あなたがこれまでに同じ経験をした「過去」を重ねることが、心の扉を開く鍵となります。遠い過去ではなく、少し前を歩いているんだというのが、共感に変わります。10年前は貧乏だったが今は億万長者の人より、3ヶ月前までは500万円の借金があったけど今は完済し危機を乗り越えました、というほうが、共感につながります。人は、自分より遠すぎる人は、憧れにはなったとしても共感の感情は生まれません。だから、販売者は、過去の恥ずかしい自分の話をし、共感ポイントにアクセスするのです。借金がある人には、借金の話。離婚経験がある人には、離婚話。顧客獲得経験がない人には、顧客が獲得できなかった話。同じ経験をしたことがない人には、その辛さは理解できません。だからこそ、同じ経験を持つ人は共感し合うのです。あなた自身が問題を解決したいのであれば、次は、その困っている人を助けてあげる必要があります。これまでに見込み客と同じ経験をしていれば、シンクロさせることはそれほど難しくないはずです。

イメージを湧かせて興味を持たせる「チラシ」の作り方

５つ目の要素である「チラシ」についてです。商品サービスには有形と無形があります。有形商材とは「カタチのあるもの、目に見えたり手で触れたりすることが出来る商品」です。有形商材の場合、顧客へ商品を見せることが出来るので、商品チラシを作成し、郵送ＤＭに封入することでイメージを湧かせて興味を持たせることが可能です。

一方で無形商材は、「カタチのないものやサービス」です。私が扱っているコンサルティングサービス、保険や広告など、情報・知識・技術を売っている会社が該当します。無形商材ではカタチのないものを売るため、顧客に使っているイメージを湧かせるのが難しくなります。なので、チラシを郵送ＤＭに封入しなくても反応を取ることは可能です。

もしあなたの商品サービスが有形なら必ずチラシを作成しましょう。チラシに必要な要素は「コンセプト」「ビジュアル」「選ばれる理由」「お客様の声」「行動喚起」です。この５つの要素を盛り込み、Ａ４用紙で作成しましょう。

DM反響率を2倍以上にするレスポンスアップ法

郵送DMの反応率を2倍以上にする方法があります。それはフォローコールです。一般的なテレフォンアポイントは名前も分からない相手に電話し、初めての商品説明、最後にアポイントを依頼する方法を取ります。しかし、フォローコールは違います。社長の名前を知っていて、郵送資料を送った状態で電話し、プレゼントが必要かどうかの確認を行うだけです。どちらが簡単で、成果が出やすいかは一目瞭然だと思います。郵送DMを見て返信をくれる社長もいますが、少し気になるが返信はしてこない社長が一定数います。そこに適切なフォローコールを行うと、反応率が2倍以上に上がります。

フォローコールにはポイントがあります。それは、与えることです。人間には2つの種類があります。与える人間（give）と奪う人間（take）です。もし、成果を出したければ、先に「与える人間」になることです。ビジネスとは価値と価値の交換です。価値を提示せずにアポイントを打診し相手の時間を「奪う人間」になると、いつまでたっても何も起きません。相手が感じる価値とは何かを考え、提示できたときに、社長アポイントのチャンスがやってきます。社長アポイントの機会を増やしたければ、与える人間になって、どんどん先に与えることです。先に与えることで返ってきます。今までテレアポを行っていた営業社員がフォローコールに変えたら、１ヶ月で社長アポイントが19倍に増えた事例もあります。社長向けフォローコールにはテンプレートがあり、一度良いものを作ることができれば、誰でも社長アポイントが取れるようになります。

社長フォローコール９つの心得

フォローコールには次の９つの心得があります。

①テレアポとは価値と価値の交換
あなたが相手が望む価値を持っていれば、相手の時間と交換することができます。もし、相手が望むものが分からないときは相手に聞きましょう。相手が望むものが分かり、それを提供できれば対価として時間と交換してくれます。

②フォローコールとは確認
スペシャルトークは必要ありません。相手の状態を確認することに徹しましょう。

③商品は壁

相手は商品が欲しいのではなく、望む結果が欲しいと思っています。手段は何でもよく現状の問題を解決したいと考えています。

④相手の言葉は信じない、行動を信じる

電話をかける側になった瞬間にすべての言葉を鵜呑みにしてしまいます。忙しい、興味がないなどの意見は記録に残さず電話に出たという事実のみ残しましょう。

⑤当たり前感

電話に出てもらえて当たり前、取引先かのように話しましょう。

⑥気にしない

多少のストレスはあります。淡々と演じましょう。最後はタイミングです。

⑦終わり方を綺麗に

受付通話はこちらから「ありがとうございました」と電話を切りましょう。

社長通話は相手が電話を切るまで、熱意をもって価値を提案し粘りましょう。

⑧フォローコールは1社3コールまで

1社に対しコールするのは3回までです。今回がダメでも期間をあければ相手の状況が変わっている可能性があります。嫌な印象は残さないようにしましょう。

⑨相手に聞く

郵送ＤＭの反響が来ない、フォローコールでアポイントが取れない場合は、「最後に１点だけよろしいでしょうか？」と切り出し「どういう提案があれば会ってみたいと思いますか？」と相手に素直に聞けば教えてくれます。

フォローコールで言ってはいけない言葉、言うべき言葉

フォローコールにはＮＧワードが２つあります。

先ず１つ目は「資料をご覧いただけましたでしょうか？」です。

資料を見る義務は相手にないですし、逆に『資料を見てこちらから連絡をします』と断りの理由を作ってしまいます。

２つ目は「ご都合はいかがでしょうか？」です。アポイントを打診するときは具体的な日程を二者択一で打診しないと相手が答えづらいです。これはプライベートでデートに誘うシーンに例えると分かりますがどちらが答えやすいでしょうか？

「日本一美味しいラーメンがあるけど、どう？」

「日本一美味しいラーメンがあるけど、来週の20日と21日どちらが都合いい？」

明らかに後者の方が答えやすいと感じるのではないでしょうか。フォローコールは繊細

です。たった一言で、アポイントが取れたり取れなかったりしますので注意してください。

フォローコールの3つの要素

フォローコールの3つの要素は「受付通話」「社長通話」「反対処理」です。

受付通話では営業だと思われると社長に繋いでもらえません。取引先と話すようにフランクに話しましょう。社長不在の場合はタイミングを改め1社につき3回までフォローをします。社長通話ではへりくだらず、資料の到着確認→文化の確認→信頼→理由→実証→結果の順に話します。クロージングでは、安心を伝えた後に機会損失かコスト削減か利益アップに繋がることを訴求しアポイントを提案、もし断りを受けても事例で切り返し、最後は資料送付の提案で終わりましょう。

【受付通話】	お世話になります。オフィスTVの○○と申します。 先日、●●社長宛てに資料を送っていた件ですが、席に戻られましたでしょうか？ 【用件は？】 先日、郵送した資料の到着確認でご連絡しました。 【中身は？どんな内容の資料ですか？】 ７月１日の10時から開催されるオンラインセミナーの資料でして、 オフィスTVの藤原からお送りしたとお伝え頂ければお分かりになると思います。
【社長不在】	こちらからの用事で急ぎでないので、またタイミングを改めます。 ご丁寧にありがとうございました。
【社長通話】	●●社長でしょうか？お世話になります、オフィスTVの○○と申します。 先日、白い封筒で、郵送DMを使って新規客を殺到させるオンラインセミナーの資料を 郵送したのですが、お手元届きましたでしょうか？ ➡ ちなみに、●●社長、郵送DMって聞いたり、取り組まれたことはありますか？？ ➡ ありがとうございます。弊社、郵送DMを企業の社長に送って、新規客を獲得する方法を 教えるコンサルティング会社でして、書籍も出版しているのですが、 今回ご連絡したのが、オンラインセミナーを実施していまして、6年で1000社の法人を 開拓した実例を交えながら郵送DMで新規開拓する方法をお伝えしているのですね。 ちなみに、上下あると思うのですが、今、新規開拓って月何社くらいやられているのですか？ ➡ そうだったのですね。もちろん、今すぐ郵送DMをやってくださいという話しではなくて、 セミナーは無料ですし御社と似た業種の事例などをお伝えし、御社に使えるのかどうか？を 判断して頂いて、現状より新規開拓の数を増やして頂ければと思うのですが、 社長、●日●時と○日○時だと、どちらがご都合宜しいでしょうか？
【反対処理】	【断りは事例で返す】 1年間頑張っても月1件しかアポが取れなかった新人営業が郵送DMを使うことで、 1ヶ月で19件社長にアポイントがとれたシステム会社の事例がありまして、社員教育にも使えま すので社長、●日●時と○日○時だと、どちらがご都合宜しいでしょうか？ 【アポイント断りは資料送付で返す】 そうですか。それではご参考までに集客に役立つの資料があるのですが、 そちらを送りますので、ご覧いただけませんか？

お礼：貴重なお時間を頂き有難うございました。

フォローコールのスクリプト

フォローコールが出来る人材がいない場合はトークスクリプトを作り外注

多くの会社は最初からテレアポ代行会社に依頼をかけてしまいます。代行会社はプロですが、あなたより商品知識はありません。現場で検証を繰り返し、トークスクリプトを改善することが大事ですが、あなたの会社以上に熱意はありません。社長アポイントが取れるトークスクリプトさえあれば、それを話してくれる業者はたくさんあります。先ずは自社でスクリプトを作り上げて、数値基準作ってから外注すればあなたは営業に集中することができます。

新規客獲得コラム：相手から買わせてくださいと言わせるテクニック2

4章を読んでいただき、ありがとうございます。ここでは即効性のあるテクニックを紹介していきたいと思います。

商談のコツ。それは、あなたの商品のことよりも、お客さんの現状と理想、壁を聞くのが先ということです。現状が聞けると、こんな壁ないですか？　こんな理想な状態になりたくないですか？　と仮説を立てることができ、質問ができます。3章で書いたコラムの例で言えば、現状は売れない営業、理想は売れる営業ということでしたから、自社の商品の説明を先にするのではなく、現状と壁をヒアリングします。そして到達したい理想の状態を聞いて、到達させられるかを商談相手と一緒に考えるということがポイントです。

そもそも、売れる営業になりたいという場合、売れるようになる方法を探すことは、視点がズレています。もちろん、間違ってはいないのですが、もっと売れる方法はないかという視点では、最適な解が出てこないのです。なぜなら、その質問には、お金を払うお客さんの視点が抜けているからです。つまり、お金を払ってくれる人にとっての価値を考える視点が抜けている。だから売れないのです。お客様は理想に行きたくて、その方法が、営業マンが提案する商品であると思えば買ってくれるのです。この視点を持ち、お客さんの理想と現状を把握し、それを遮る壁を理解して、壁を取り払う方法を提案することが営業の仕事です。この考え方を通して、商品やセールスのメッセージを考えればうまくいくのです。商品を販売するとき、この商品を通して、お客様の現状と理想をヒアリングし、理想へ行けるかを一緒に考えるのです。

その結果、他社の営業は商品の宣伝ばかりの中、あなたが話すメッセージが相手の心に刺さるのです。なぜなら、そこにある言葉は、売るための言葉ではないから。そこにあるのは、お客さんが理想にいくために壁を取り払ってくれる情報だから。このお客さんの立場になって考えるという考え方の本質が分かれば、自分がやるべきことが分かり、自分に足りないことが分かり、改善していくことで本当に売れるようになります。営業がすべきことは相手の現状を理解し、壁を見つけ、それが自社の商品で解決できる場合のみ商品を提供するということなのです。

商品のセールストークや切り返しトークを磨いても売れない理由が分かりましたか?

まとめると、お客さんは「商品そのもの」を欲しがっているのではないのだということです。お客さんは、現実から理想へ移動をしたい。何かの壁があって今はできないでいる。

そこを助けてあげ、その対価をもらうのです。セールスというものに対して何を行っていけばよいかというのが見えてきたでしょうか？　まずはこの考え方を取り入れてみてください。さらなる応用としては、相手が理想と思っている以上の世界へ連れていってあげようと考えることです。もし、理想以上の世界を相手に見せることができた場合、売れて困るような状態になります。

第5章

オファーから商品受注につなげる「セールス法」

反響は5分以内に対応、相手の興味は右肩下がり

郵送DMを送り、晴れて反響営業に切り替えることができても、もしあなたに営業力がなければ契約になりません。集客と営業はセットで考えないといけないのです。一般的に集客力の強い会社ほど営業力が弱く、集客力が弱い会社ほど営業力が強い傾向があります。

最初に訪れる営業シーンは、問い合わせが入った後の初動対応です。初動対応で失敗する企業の多くは、メールだけで済ましています。そうではなく、必ず5分以内に電話をします。基本的に恋愛と同じく、付き合った瞬間がピークでどんどん興味が冷めていきます。相手は問い合わせをした瞬間が興味のピークで、時間がたつにつれて興味の度合いが下がってきます。このため、熱いうちにアプローチしてアポイントを取得しなければなりません。また、問い合わせ対応をした後に1週間ほど何もしない営業がいます。これも恋愛に例えればよく分かります。あなたが異性と知り合ったとします。意気投合し連絡先を交換し2週間後にデートをすることが決まりました。デートの日までメールを1本だけ送って来る人と、交換した直後からお礼電話がきて、1日おきに連絡をしてくれる人だとどち

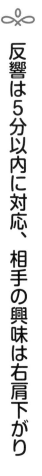

らがよいかを考えてみてください。

また、問い合わせ先から好かれようと媚を売る人が多いですが、マーケティングとは排除する行為でもあります。あなたの考えをしっかり伝えて、合わない人は切ってください。メールを読む・読まないは相手が決めますし、断られても全くかまいません。

営業で大事なことは文化の把握

営業とはお客様に商品・サービスを提供し、その対価をいただくことです。それにはまず、相手の価値観を把握する必要があります。つまり、営業をする前にその人（企業）が何に「お金を払っている」のかを知ることがとても大切です。営業を自分で行ったことのある人は、この言葉の意味が理解できると思います。というのも、営業で一番難しいのは「文化のない人に文化を与える」ことだからです。

例えば、カラオケに10年間1回も自分のお金で行ったことがない人に、カラオケに行かせて、お金を払ってもらうのは非常に困難です。それが音楽好きの人であっても、お金を払うとなったら別問題なのです。しかし、カラオケにお金を払う文化がある人は違います。近所のカラオケでも、出張先のカラオケでも、海外のカラオケでも行きます。そういう人はカラオケにお金を払うことに抵抗を感じることはありません。ですから、営業相手が「お金を払っているものを知る」ということは、営業をする上で最も大切なことです。

これを示す面白いエピソードがあるので、シェアしておきます。私は仕事柄、地域に出張して社長や幹部の方と交流することがあります。そのメンバーは、3つのグループに分かれます。

①二次会にカラオケなど歌える場所に行く人
②二次会にお酒や締めのラーメンなど飲食に行く人
③二次会には絶対に行かない人

カラオケにお金を払う文化がない人は、何度誘ってもカラオケに行くことはありません。そこでご飯などをご馳走してくれるならば行きたいと思うかもしれませんが、自分がお金を払うとなれば話は別です。この人たちが、お金がなくて行けないのであれば理解できますが、十分なお金を持っている人たちです。明らかにお金の問題ではないでしょう。しかし、カラオケにお金を使わない人たちでもお酒が大好きな場合は違います。「ここまで飲んで大丈夫？」と私が心配になるほど、お金を気にせずお酒を夜通し飲み続けるのです。このように、人は文化のないものに対して、お金を払うことはありません。それだけでなく、文化のないものに使う時間ももったいないと感じるのです。このような経験はあなたにも1回や2回あるはずです。

相手が何にお金を使っているかを知ることが営業のスタート

では、その分野に対して文化のない人は、そこには一生お金を払わないのかと言えば、そうとも言えません。必ず、誰にでも文化が生まれる瞬間というものがあります。例えば、恩人など、自分がとても信頼している人から勧められた場合です。あなたには恩人がいますか？　私には井辺良祐さんという恩人がいます。仮に井辺さんから「藤原くん、カラオケ行ってみなよ」と言われたら、行きます。しかしこれは非常にまれなケースです。

このように、文化がない人であっても、何かのきっかけで文化が作られることはあります。しかし、それを営業が意図的に行うのは非常に難しいことです。つまり、文化のない人に文化を持たせようとして、1人ひとり口説くのには非常に困難が待っているということです。多くの売れない営業は、新規営業をする際に相手の価値観を把握せず、文化のない人に営業をかけて苦労しています。しかし、文化がある人は無理に説得しなくても、商品を買いサービスを受けるのです。つまり、文化がある人を狙うほうが、営業相手としては100倍楽だということです。あなたが新規営業をして即成約をバンバン取りたいというのであれば、目の前にいる相手が、何にお金を使っているのかを知ることが、まずは大切なのです。この部分さえ知ることができれば、勝ったも同然です。多くの営業は、商談を始める前に相手の価値観（お金を払っているもの）を知ることなく営業してしまうため、失敗するのです。

ご予算は？は絶対NG

次に大切なのが、相手の懐具合を知ることです。その人があなたの提案する商品・サービスにいくら興味があっても、支払えるお金がなければ商談にすらなりません。それを避けるためにも、「文化＋懐具合」を知ることが大切になってくるわけです。人によっては、

「それは相手の予算のことですか?」と聞くかもしれませんが、そうではありません。

これは、あなたがお客様の立場になって考えれば分かると思いますが、予算を聞かれて正直に答える人はいません。あなたは初めて会った営業に「ご予算は?」と聞かれて、正式な金額を答えるでしょうか? おそらく、答えても実際に支払える金額の7割程度の値段でしょう。これでは、聞くだけ無駄というものです。しかも無駄なばかりか、あなたの販売単価を下げてしまうマイナス行為です。なぜなら、下手に予算を聞いてしまったばかりに、その適当な数字が商談のベースとなってしまうからです。素直な営業ほどその予算を信じるので、結果的に、あなたの販売単価が下がります。最も大切なのは、その人の「懐具合」です。それ以外の金額は無意味であり、混乱を招くだけです。「そんな本音を知ることは無理だろう」と思われますか? 実はそれを丸裸にする質問があるのです。

相手の懐を「丸裸」にする魔法の質問

最初に行うべきは、相手の中にその分野にお金を払う文化があるかどうかの確認です。それは名刺交換を行う前に、あなたが提供する商品サービスをその人が過去購入した経験があるどうかを「サラリ」と聞いてしまうことです。
『○○って買われたことがありますか？』
すると、2つのパターンが出てきます。

①あなたの商品サービスを買う文化がない人
②あなたの商品サービスを買う文化がある人

①と②の人では、それぞれ対応を変えていきます。①の人は、まだあなたの業界の商品を買った経験がないのでリスクを感じる傾向にあります。なので、リスクを低くして小さな金額でもよいのであなたの商品を一度経験してもらうことが重要です。そして、②と答えた人には次なる質問をします。
『ちなみに、おいくらですか？』

この質問は、別に予算を聞いたわけではなく、相手が「実際に支払う価格」を聞き出したことになります。実際に支払った価格なので、嘘をつかれることはありません。この価格は企業で稟議が通った金額となります。実は、人には文化と共に、「金銭感覚」というものがあります。例えば、採用に100万を払う人もいれば、採用に1000万を払う人もいるのです。金銭感覚というものは面白いもので、採用に100万円払う人は、次も100万円を払い、採用に1000万円を払う人は、次も1000万円を払うのです。しかし、同じ商品サービスでも、100万円と1000万円では感覚が異なります。これが、その人の本当の正式な懐具合になるのです。懐具合を企業で例えるなら稟議が通る金額です。このように、文化と金額を把握することが営業を始める前に必要なのです。文化と金額が把握できた後あなたがやるべきことは、過去にお金を払ってきた取り組みが上手くいっていたか？の確認です。そこで上手くいかなかった原因を指摘し、その原因を解決することができればあなたの商品が売れる可能性が高まります。あなたの商品プレゼンの前に相手の取り組みを必ず確認するようにしましょう。このように「文化がない人」と「文化がある人」で営業するトーク内容を変えなければいけません。

まずは確認で瞬時に「見込み客」を見極める

年収300万円の営業と年収1000万円の営業がいるとします。両者の決定的な違いはどこにあると思いますか？　プレゼンテーション能力？　知識量？　会話力？　見た目？　経験年数？　様々な答えが頭の中をよぎったかもしれません。

その答えは、「見込み客」を見極める能力です。つまり、商品を買う可能性がない人に無駄な時間をかけないということです。「見込み客」というのは、あなたの商品にお金を払う可能性のある人のことを指します。瞬時に「見込み客」を見極める能力があるかないか。実はこれが年収差を生み出す差となるのです。しかし、多くの営業はこの視点がなく、あなたの商品を買う見込みのない「冷やかし客」に無駄に時間を使ってしまう傾向があります。何度も何度も商談し、宿題をもらっては回答する。しかし、1回の商談で、高額受注を簡単に決めてしまう人、3回も商談したのに失注してしまう人。どちらが生産性が高いかは小学生でも分かります。なので「冷やかし客」に何度も振り回されず、早い段階で「見込み客」を見極め、「冷やかし客」は即座に切る勇気を持つことです。

初めの7秒が相手との見えない格差を決定し、その後の関係性に影響する

商談に大きな影響を及ぼすのが自己紹介です。このように言うと「自己紹介がそんなに大事？　相手と打ち解けるアイスブレイクが大事なのでは？」と言う人がいます。しかし、それはまだ、自己紹介の「本当の効果」を知らない人かもしれません。なぜなら、人は、

初めて会った7秒の間に相手との見えない格差を決定し、最初に生まれた格差がその後の関係にまで影響を及ぼすからです。最初に相手に見切られてしまうと、その後、いくら努力し挽回しようとしても、うまくいかないのです。

出会って7秒で勝負が決まり、見えない「格差」が生まれる。それが人間心理なのです。多くの人は役職を持ちたがりますが、商談に役職など1円の価値もありません。これは、あなたも経験があるかもしれませんが、相手が「課長」の肩書きを持っていたとしても、部下が1人もいない名前だけの課長の可能性もあるでしょう。私はこれまで何万人と名刺交換をしてきました。代表取締役やよく分からないカタカナの役職に至るまで、ありとあらゆる名刺を受け取ってきました。しかし、「この人、すごい」と思える人には、そう簡単に出会うことはできませんでした。それどころか相手と会話すればするほど、「本当に、この人が社長？」と役職を疑ってしまう人も多いものです。それではせっかくの役職が台無しです。では、どうしたら初対面の相手から見えない格差を勝ち取り、その後、有効な関係を築くことができるのか？　実は売れる営業は初対面の相手に対して専門家ポジションに立つことを考えているものです。

売れる営業がやっているコンマ数秒の見えない戦い

その戦いとは、ある種の演出を伴って、見込み客との商談の会場に入った瞬間から始まります。１つ例を挙げると、営業の外見と持ち物です。ビシッとしたスーツにアイロンのかかったワイシャツ、艶のある髪と肌、名刺入れ、ペン、ノートや腕時計に至るまで、相手からどう見られるかを意識して準備をしています。あなたはこのような人が担当になるのと、ヨレヨレの服を着ていて、顔が脂ぎっている、いかにも仕事のできなさそうな人がつくのと、どちらがよいでしょうか？

まだ一言も言葉を発していませんが、最初の印象は大きく異なりますし、その後の会話まで大きく影響を与えます。多くの人は、演出を一切考えることなく提案内容で勝負を仕掛けてしまいます。そして、その勝負が往々にして惨敗に終わるのは、商談をする前に負けてしまっているからです。これでは、このあとに登場する自己紹介どころの話ではありません。ですので、あなたが自己紹介を優位に進めるためにも、優位な立場を勝ち取る「演出」も忘れないことです。

相手から「スゴイですね」と言われる実績を伝える

大切なのは、役職ではありません。では、初対面の相手に何を伝えればいいのか？　それは、『実績』です。それも、商談相手から見て「スゴイですね」と言われる実績を伝えることです。そうすれば、あなたは営業マンではなく、専門家という位置に座ることができます。これをやらないと営業マンという位置になってしまい、あなたの発する言葉がすべて売りこみに聞こえてしまうのです。同じ言葉でも専門家ならアドバイスに変わります。なかなかイメージできない人も多いと思いますので、私の自己紹介を事例としてシェアさせていただきます。

「私は金なし、コネなし、実績なしから６年で１０００社の法人を新規開拓した経験があります。今はその経験を活かし、新規客を獲得したい経営者に法人獲得の仕組みを教えるコンサルティングをしています。お陰様でクライアントは東証プライム上場企業から個人事業主まで幅広く、年10件だったアポイントが年４００件になり、累計売上10億円を達成するなど、短期間で集客ＵＰ、売上ＵＰを実現しています。またメディアの活動も行い、自動車業界で発行部数日本一を誇る業界誌で連載を持っており、書籍を出版し著者としても活動しています。本日は、よろしくお願いします」

これを読み上げると分かると思いますが、30秒もかかりません。にもかかわらず、この30秒で相手との間に格差を生み出し、優位な立場を得ることができます。その上でビジネスをスタートさせるため、極端な話をすれば、売り込むことなく次々と契約を取ることができてしまうのです。

名刺に実績を書いて、素人から見て専門家と思わせればいい

「実績の威力は分かった。でも、それは限られたエリートのような人だからであって、自分は何もない…」と思っているかもしれません。でも心配無用です。なぜなら、今のあなたであっても「この人、すごい。その分野の専門家！　是非、相談したい」と思ってもらうことができるからです。

その方法とは、今の会社の功績を「自分の実績」として表現するということです。それはあなたの会社の設立年数、顧客数、売上高かもしれませんし、あなたが持っている資格、

業界での経験年数、営業順位かもしれません。相手はあなたが扱う商材に関しては素人です。素人から見てすごいと思わせればいいだけなのです。そして必ず、実績を名刺に記載してください。また、実績の素晴らしいところは、常に上書きすることができるということです。ですので、今は何もないという方であっても焦ることはありませんし、今日この瞬間から実績に目を向けてください。このように実績は、自己紹介で優位な立場を獲得し、専門家の位置を得て商談を優位に進めることができます。

セールスとは話すことではない

営業とはプレゼン、つまり、話すことだと思っている人がいます。それは大きな間違いです。このように言うと、「プレゼンテーション能力が大事なのでは？」と言う人がいます。しかし、それはまだ、「人間心理」を知らない人です。なぜなら、人は、説得されたくないからです。なので、話すのではなく、相手に語らせることが大切なのです。売り込みを感じさせずに成約を取るには、相手に語らせ、自己洗脳を促すことです。

ここまでお伝えすると「ああ、質問ね」と思われたかと思いますが、セールスとは質問ではありません。ここは明確に否定しておきます。なぜなら、質問してしまうと相手の答えが拡張していって行き先が見えなくなってしまうからです。「社長の事業ビジョンは何でしょうか？」このように質問をすると、相手が話したい話題であればあるほど商談に時間がかかり、終わった後は相手から信用されるかもしれませんが、肝心の商品が売れないという罠にハマります。そうして商談の目的である商品に行き着かずにあなたの意図する方向とは違うところへ進んで行き、戻すタイミングを失うことになります。

また、違う見込み客に同じ質問をして、同じ回答が返ってくると思いますか？　質問は相手の答えが無限にあるので、再現性がありません。セールスとは話すことでも質問することでもない。では、一体何なのか？　答えは確認することです。簡単な例を出します。

あなた　「Aですか？　Bですか？　Cですか？」
見込み客　「Bです」
あなた　「なるほどBなのですね、ではBの1ですか？　Bの2ですか？」
見込み客　「Bの2です」
あなた　「なるほど、Bの2ってことは○○ってことはありませんか？」
といった具合に見込み客に確認を通すことで、セグメントしていく必要があります。なぜなら、見込み客の現状を把握しないことには何も始まらないからです。多くの営業は相手の現状を把握せずに、あるいは相手の現状を勝手に決めつけて、いきなりプレゼンテーションを始めます。お医者さんが相手の症状を診ずに薬を処方しますか？ まずは診察します。それと同じことです。

会話の目的を考える

なぜ、商談で会話を行うのでしょうか？ 相手と仲良くなり親友をつくるためでしょうか？ そうではなく、目的は商品を提示し、買ってもらうことです。ですから、確認を通して相手の願望や悩みを特定することが必要になってきます。セールスとは巧みな話術で何かを売りつける手段ではなく、確認を通して見込み客の現状を把握し、より良い未来を実現する行いです。セールスは、より良い未来を実現する選択肢を与えることであって、選ぶのはあくまでも見込み客自身です。ですから、選択肢を用意してあげるイメージを持ってください。

見込み客が使う「言葉」「単語」「言い回し」を意識する

多く営業が間違えてしまうのが、自分の好きなメッセージを伝えてしまうことです。そうではなく、見込み客が使っている言葉、単語、言い回しを意識しなければなりません。たまに小学校3年生とか、誰もが分かるような言葉を使いなさいと教える人がいます。それは間違いではないのですが、見込み客自身が使い、信じている言葉を使う必要があります。そうすると相手に響くのです。

セールスは話すのではなく「語らせる」ことが大切

セールスで大事なのは、「具体的な興味ポイント」をベネフィットとして本人の口から語ってもらうことです。ここでのポイントは、「本人の口で語ってもらう」ということです。なぜなら、人は、相手の話を聞く際は他のことを考えることができますが、自分が話しているときは、他のことを考えることができません。ということは、脳科学の観点から言っても話すのではなく「語らせる」ことが大切なのです。

しかも、この語らせるということにはもう1つのメリットがあります。それは、話すと相手に説得されていると感じさせますが、相手に語らせることで、こちらは何もすることなく自己説得を始めてくれるということです。ここが売り込みを感じさせない最大のメリットであり、多くの人の盲点となる箇所です。なぜなら、セールスとは、「話すこと」だと多くの人は誤解しがちですが、そうではなく相手に語らせ、自己洗脳を促すことだからです。

願望、結果、フラストレーションの確認に徹する

セールスの際に確認すべきことが3つあります。1番目が「願望」、2番目が「結果」、3番目が「フラストレーション（悩み、痛み）」です。これについて確認していきます。ただ「あなたの悩みはなんですか？」と確認しても教えてくれません。営業で初めて会った人にそんなことは話しません。「悩みは何ですか？」と質問すると「いや、特にないですねぇ」など、答えたくないので嘘をつかれます。それでは何の意味もないので、いろんな角度で先ほどの3つを確認していく必要があります。

まずは「願望」を聞いていきます。コンサルタントで例えるならば、「このコンサルティングでどういう未来を想像していますか？」「どんな夢を叶えたいですか？」など「願望」を聞いていきます。具体的には「どんな経緯でコンサルティングを検討しようと思われたのですか？」という確認をはじめに持ってくると、相手が話しやすいです。2番目の「結果」は、「1ヶ月の結果、目標数字は決まっていますか？」などの欲しい結果を聞いていきます。3番目は「フラストレーション」、要は今の取り組みに対する不満です。「ちなみに今、願望を達成するためにどのような取り組みをしていますか？　と確認し、取り組みに満足されていますか？」と確認していきます。そうすれば、現状の取り組みに対するフラストレーションについて聞くことができます。願望や結果に対し、それがうまくいっているかどうかを確認する。すると、うまくいってない、願望や結果が手に入っていないということになれば、それがフラストレーションです。そして、この相手の言葉は、そのまま仕事につながる情報であり、ここがある意味、相手から引き出した「販売の種」になるわけです。

得たい願望や結果がある、でも手に入れられていない。次にあなたがやるべきことはその原因を特定し、解決するための商品を提案することです。相手の願望、結果、フラストレーションを知り、客観的な情報を持ってそれを解決することが大事なのです。

相手になぜ興味があるのか? を語ってもらう

願望、結果、フラストレーションを明確にすることができれば、「それを解決し手に入れることに興味があるか?」を確認します。興味があれば「その理由はなぜですか?」と聞きます。ここで注意点があります。興味があると言った相手に「じゃあこの商品は…」と営業してはいけません。ここはいったん自分を抑え、「なぜ、興味があるのですか?」と理由を確認してください。相手に理由を語らせてください。そうすると買う理由を自己説得してくれます。これを話すことができなければ、解決に興味がないということなので、商品を提案しなければいいだけです。興味がある人だけに商品を提示してください。そこまでいけば最後は金額です。法人の場合は費用対効果を明確にすると売ることができます。

値引き交渉のやり方

費用対効果の話をするときによく発生するのが、値引き交渉です。多くの営業は「勉強します！」と言って、安易に値引きをして自分の単価を下げてしまいます。そうではなく、特典をつけましょう。人はお得に買いたいのです。なので、商品に特典という形でつけてください。その特典には必ず値段を明記しておきます。次に、見積書は細部まで記載してください。そこで、相手から値引きの交渉を受けたとします。交渉の時にまず覚えてほしいのは、「お金がない」という発言は「あなたに払うお金がない」ということです。「お金がない」と言いながら、見込み客は翌日に別の業者と契約をしていることもあります。お金がないという言葉を信じてはいけません。

そうは言っても値引き交渉を受けた時はどうすればいいのでしょうか？ そんな時は「見込み客と一緒に見積もりを削る」という作業を行ってください。安易に「即決であれば勉強します！」と値引きを受けるのではなく、先ほど提示した特典や見積もりの細部を削っていきます。特典が消滅しますがよろしいですか？ など、見積書を見ながら一緒に削っていきます。そうすると「削ると困る」など会話が生まれ、結局、削らなくて済む場合があります。

クロージングで大事なことは買う目的を用意してあげること

クロージングで大事なのは、買う目的です。つまり見込み客の願望、結果を叶え、フラストレーションを解消することに目を向けることです。相手が使った言葉で「〇〇（目的）を手に入れますか？」と確認してあげてください。もし、相手が迷っている場合は背中を押してあげることです。買う理由をあなたが作ってあげることです。そして最後は「大丈夫です」と答えてあげてください。そうするとクロージングの流れがスムーズになります。

社長営業の基本は即決

営業における理想とは何でしょうか？それは、即決で契約をお預かりすることです。相手の社長は忙しいです。決裁権を持っていますので、その場で判断ができます。では、なぜ即決が基本なのでしょうか？それは、即決が1番成約しやすいからです。お客様はどれだけ営業が頑張って営業トークを話しても「忘れてしまう」のです。

エビングハウスの忘却曲線という言葉を聞いたことがありますか？エビングハウスの忘

却曲線とは、人が忘却するメカニズムを端的に表したグラフのことでドイツの心理学者である「ヘルマン・エビングハウス」が考案したものです。人間の脳は1度聞いたことは1時間後には56%忘れ、1日後には74%忘れると言われています。あなたが頑張って提案した内容は明日には26%しか残っていないのです。

そして、忘却と並行するのがお客様の購買意欲です。こちらも一気に下降します。あなたも商品説明を聞いた瞬間は欲しくなっていたのに、翌日になったら購買意欲が下がっていたという経験がないでしょうか?お客様はあなたの商品のことを四六時中考えているわけではなく、記憶と購買意欲が下がっていくので、社長に金額を提示したら即決が基本です。

即決を促さない営業はエゴイスト

たまに、「お客様に決めていただきます」と言って、嫌われることを恐れ即決を促さない営業がいますが、それは「自分が嫌われたくない」というエゴを満たすエゴイストです。「即決」=「判断」です。

選ぶのは社長です。営業が成約という結果をコントロールすることはできません。営業が出来るのは、「即決を促す」という行動だけなのです。なので、即決を促すことを商談のゴールにしましょう。そして、買わない冷やかし客に時間をかけることほど無駄なことはありません。もし、冷やかし客であれば、切ってください。

即決を促した結果「未成約」であれば「次！」を合言葉に切り替えていきましょう。あなたの商品を待っている人は他にも沢山います。とにかく、営業のエゴを満たすのではなく、即決を促すことが基本だということを覚えておいてください。

即決の「伏線」を商談に埋め込む

即決を取るために必要な要素は「伏線」です。即決営業はいかに事前に伏線を打てるかどうかが結果を左右します。そもそも伏線とは、物語作成上の技術のひとつで、将来に起こる重要な内容について、因果関係を伏せて事前に示唆しておく手法です。漫画や映画などでよく見かける手法ですが、例えば週間少年ジャンプの漫画でギネス世界記録に認定されたワンピース。伏線をいたるところに打って物語が進行しています。

それと同じく、即決に必要な情報を商談が始まる前、商談の前半、クロージング前に打っていきます。ただ、伏線は、闇雲にやっても意味はなく3つの要素を意識しながら行うことで即決率を最大化させることができます。その3つの要素とは、1．間隔2．塩梅3．言い出すタイミングです。

1．間隔：伏線はセールスの要素が強いので、頻度を上げれば嫌われます。10のコンテンツがあるうち1ないし2を行うからこそ許されます。

2．塩梅：伏線はどのレベル（深さ）で伝えるかも重要です。あまりにも攻め込めば相手にバレバレとなりますし、浅すぎても気づかれず伏線の役目を果たしません。

3．言い出すタイミング：どのようなタイミングで伏線の話題を持ち出すかということも重要です。あくまでさり気なくエレガントに行うことです。

商談が始める前に伏線を打つ

あなたは、営業は好きですか？正直、私は嫌いです。しかし、商品やサービスを販売しない限り、売上げを上げることは出来ません。では、どうしたらいいのか?それは、営業する前に営業することです。「えっ、どういうことですか?」と営業経験の長いあなたは疑問に感じるかもしれません。この手法を使うことで、商談で契約できる確率を上げることができるのです。そのやり方とは、いきなり商談を行うのではなく商談前に伏線を入れることです。

詳しく説明する前に、恋愛に例えます。2人の男性が1人の女性を巡り競い合っています。この2人は、見た目もさほど変わらず、収入も同じ500万円です。Aさんは、スーツを着こなし真面目。女性に接する際は距離をおき誠実に対応しています。Bさんは、気さくな印象。女性に接する際もさり気なくボディータッチをしています。そして、出会って1ヶ月後、2人の男性は、意を決し告白することにしました。Aさんは、こう告白します。「真剣にお付き合いを考えています。付き合って下さい。」すると女性は、「え?ゴメンなさい。友達だと思っていました。」一方、Bさんは、こう告白しました。「あれ?俺たちって付き合ってるんだよね。」その回答に、女性は、「え、ちゃんと告白してくれないとわからないよ」と。そこですかさずBさんは、「じゃ、俺たち付き合おう。」という軽い感じで女性から「OK」をいただけることが出来たのです。

なぜAさんは紳士な対応で1ヶ月を過ごしたにも拘らず振られ、Bさんは、いとも簡単に告白に成功したのか？それは、この1ヶ月の間に伏線を入れたかどうかが、その後の成否を分けることになったのです。

告白が営業だとすると、契約に必要なことは、お客様のご機嫌をとることではなく、営業する前に信頼構築＋伏線が必要だということです。ここで、もう一度、2人の男性を見ていきます。Aさんは、真面目な男性。Bさんは、気さくな男性。結果はご存知の通り、成否を二分しました。それは、なぜか？答えは出会った瞬間から始まっていたのです。Aさんは、誠実に対応すれば信頼を構築できると考え、Bさんは、気さくに接し、さり気なくボディータッチしていたのです。これは、営業マンにも同じことが当てはまります。Aさんのような営業マンは、真面目なだけで魅力を感じない、「契約するのには、ちょっと不安を感じるよね」といったタイプです。Bさんのような営業マンは、どこか適当でお客様に対してもため口なのにお客様の心を「グッと」掴んでいる。何がこの差を生んだのか？それは、Bさんの行動に答えが隠れていたのです。Bさんは、出会った瞬間から、アイコンタクトを送り、さり気なくボディータッチを繰り返していたということです。では、これをビジネスで使う場合、どのようにしていくのか？

商談をする1週間前から伏線を行うということです。

大半の営業マンは、アポ取りを行ったあと商談準備や提案書の作成は行うのですが、その間、お客様を置いて何も行うことをしません。だから、営業に行ったとしてもすぐに撃沈するか、次の宿題をもらうことで精一杯です。そこで必要なのが、事前仕込みの伏線です。具体的に行う方法としては、提案する1週間前からメールや動画などを使い意識が向くように仕向けるということです。ただ、このままではイメージがつかないと思いますので、具体例でご紹介します。

例えば、「新規客を獲得するコンサルティング」を販売したいと考えた場合、すぐに商品説明したところで十分な価値は伝わりません。これでは、せっかくの企画も水の泡です。では、どのような内容を公開することで興味をつけていくのかというと、商品の核とメッセージを公開していくのです。新規獲得のコンサルティングの場合、核となるメッセージは、「ビジネスの根底となる新規客獲得の重要性」などです。それを、そのまま伝えたところで無視されるだけです。しかし、売れない人は、自分のいいと思うものは、きちんと伝えさえすれば、相手もいいと思ってくれると思い込むことです。だから、売れないのです。

人はあなたの商品サービスのことを考えるほど暇ではないのです。では、どうしたら話を聞いてもらえるのか？それは、「商談する人の中にある興味・関心ごとから入っていく」です。例えば「集客で成功する人×失敗する人」「新規客を獲得し続ける人の共通点」といった内容のコンテンツです。もし、新規客の獲得に関心がある人は、このタイトルのようなメールが来たら開かずにはいられません。これが、「見る人の中にある興味関心ごとから入っていく」ということです。このような内容を送ることで、新規客獲得の重要性を伝えつつ、伏線を打つことが出来るのです。ただ、これは1回ではなく複数回に分けて、徐々に伏線を打っていくのがポイントです。

あなたは単純接触効果という言葉を聞いたことはないのでしょうか？単純接触効果とは、元々興味がなかった物事や人物に対して、複数回数接触を繰り返すことで、興味を持つようになる心理現象です。例えば、最初は好きではない人も何度も会うと好感を持つのです。なので、あなたがやることは商談までに毎日メールなどでメッセージを伝えていくことです。もし日数が足りなければブログなどにアップしておけば、見込み客がブログを過去に遡ってまとめて見てくれます。とにかく数が大切です。このように事前にどれだけ伏線を張っておけるかが成否を分けます。今の時代、やる気や根性だけでは生き残れないのです。なぜなら、他社もいい商品を扱っていて必死に営業しているからです。いかに商談前に興味を上げておけるかが成約に大きく影響を与えるので、出会った瞬間から少しずつ伏線を打つことが大切です。そうすることで、最後のクロージングすら不要にし、商談で会った瞬間に相手が買いたい状態になっていることすら可能になるのです。人は興味が湧いている物事や人物に対し、「もっと知りたい」という欲が芽生えます。その興味付けは何もせず待っているだけでは一生できません。商談は長くて1時間です。その1時間だけで勝負していては負けます。あなたは商談前にどんな伏線を打ちますか?

伏線を打つタイミング次第では天国と地獄

例えば、「実は、今月は弊社の決算月でして」「キャンペーン中で忙しくさせてもらっています」「在庫が残り1台です」と商談の前半にさりげなく伝えておいて、価格提示をする時に「決算月キャンペーンをやっていまして、今なら通常価格ではなく、特別値引きできるのですが、この価格を提示できるのは即決でご判断頂ける方だけです」や「在庫は1台限りなので今日を逃すと購入は難しいです」などと話をつなげます。するとお客様は無意識で「今月が1番お得」「保留できない」という気持ちで営業の話を聞いてくれるのです。

商談前半では、「ふ〜ん」という感じでお客様は話を聞きますが、商談がどんどん進み、お客様が買う気がだんだん高まっていけば、伏線が打たれているので、決断の先のばしができなくなっていきます。この台詞をクロージング段階で初めて伝えると、売り込みっぽく聞こえてしまいます。

✤痛みを引き上げる

考えてみれば当然ですが、お客様がどれだけ良い商品、良い営業担当者、良い会社だと思っていたとしても、今何も痛みを感じていなければ契約になることはありません。今抱えている問題を解決するために人はお金を払います。

人の行動原則で「痛みを避けて快楽を得る」というものがあります。快楽の欲求より苦痛の欲求の方が強く、人は安く買いたい（プラスを得たい）よりも、損したくない（マイナスを避けたい）方で行動するのです。つまり、快楽の欲求だけを伝えるだけでは不十分ということです。

お客様は今何にフラストレーションを感じているのか?どのような問題を抱えているのか?認識していない本当の課題は何か?ここを明確にし、解決しなければ状況はもっと悪化すると認識して初めて行動への意識が高まります。つまり、『今』行動しないとダメだと気づいてもらう、ということです。今行動しないとこの後先、何かあった時に痛みが降りかかることを認識できてきました。こうすることによって痛みは引き上がってきます。人は不安な時、安心を得るために行動を起こします。商談で確認したお客様の過去、現在、未来、の情報からより多くの痛みを作り出しながら、痛みの『ストーリー』を伝えてあげましょう。

行動のリスクを下げる

世の中には2種類の人がいます。新しい行動を起こす際にあまり深く考えず「取りあえずやってみよう!」と決断しどんどん行動に移していく人。リスクやリターンをじっくり考え「100%納得してから」でないと行動しない人。です。どちらの人が良い悪いではなく、2種類の人がいて、その人の中にある行動の基準が大きく関係しています。

前者の人は行動の基準が低く、後者の人は高いということです。高い人には高い人なりの理由があります。それを聞き出してください。そして、行動するリスクを下げるセールストーク、つまり「あなただけの特典」を用意します。簡単なところだと、即決価格を用意する、保証をつけてあげる、プレゼントを用意する。大事なのは商談相手が何に行動障壁を感じているのかを理解し、行動のリスクを下げる提案をすることです。

最後は度胸、愛嬌、即決理由

断る理由は存在しないが、なぜか即決にならない場合があります。それは「言ってない」ということです。恋愛でもそうですが「好きです。付き合ってください」と言わないと付き合いは始まりません。なので、度胸をもって「即決ください」と「言ってみる」ことです。

仮に相手が「検討します」と言ってきたとしても、相手の言葉を鵜呑みにすることなく、愛嬌たっぷりの笑顔で「ありがとうございます。社長、いつからやりますか？」と言えば、相手が笑います。その際は必ず、即決をする理由を添えてください。「なぜ、今日決めてほしいのか」。この理由を説明しないと、即決は決まりません。会社の理由や個人的な理由でも大丈夫です。「なぜ、今日決めてほしいのか」を商談前にストーリー作って商談に臨みましょう。

商品を売った瞬間、次のセールスを開始する

あなたは、商品を売ったらそれで終わりだと考えていませんか？もしこれまで、そのような考えだったとしたら、あなたは損をしています。お客様は、その商品で問題が解決できたとしてもまた次の願望があり、次の問題も浮上します。だから、売ったらそれで終わりではないのです。次の願望や問題解決のために商品を提示しつつリピートに繋げる必要があるのです。ただ、あなたはいつ、次の提案をすればいいのか分からないと思いますので、答えを言います。答えは、はじめの商品を売った『その瞬間』からです。まさかと思われるでしょうが、この時点から始めることで、今後一切、営業を行なうことなく商品を買ってもらうことができるのです。

お客様というのは、いつの時代も欲が満たされることはありません。なぜならば、達成

欲というものがあり、願望を手に入れた瞬間、次の新しい欲が芽生えるからです。ということは、あなたが提供しているその商品だけで足りているのかということをまずは疑う必要があります。

あなたが売上アップにつながる商品サービスを買った時のことを思い出してください。おそらく、まだ足りていないと感じたはずです。売上アップであれば、もっと売上をあげたいと望み、できればその売上アップを早く実現したいと望むのが人間です。この「もっと」だったり「早く」というのが次のセールスを考えて行くコツとなります。『倍増』『時短』などがキーワードになります。

1つ参考になる例を見ていきます。カーテンを販売しているとき、そのお客様が除菌効果のあるカーテンを購入したとします。当然、このお客様は除菌に関心がある属性ということになるので、その購入特典としてカーテン用の除菌スプレーをサンプルとしてプレゼントします。もし、あなたがお客様の声を欲しいと考えるのであれば、この時に「お客様の声にご協力頂いた方にはこの除菌スプレーを特典でお付けしています」と言えばいいだけです。

このような特典でプレゼントされたもので次の商品を営業されていると気づく人はなかなかいません。しかし、除菌に関心がある人は、その除菌スプレーを使えば使うほどその商品が欲しくなります。なぜなら、人は消費すればするほど、その商品に愛着がわき手放せなくなるという心理があります。だから、使ってもらうことで営業せずに次の商品が売れてしまうのです。

もう一つ例を見ていきます。あなたが集客をサポートする商品サービスを扱っている場合、販売後に営業研修を提案すればお客様はより顧客獲得ができるはずです。もしくは、その人の願望が自動化したいというのであれば、セールス自動化動画、ステップメール、セールスレター作成を提案してもいいかもしれません。このように、商品自体ではなくお客様が得たい願望をイメージすれば、何を提案すればいいのかが見えてきます。

では、どのようにして、売っていけば良いのか？それは、1つの魔法フレーズをいうことで実現できます。その魔法フレーズとは、

「1つだけ心配があります」です。

先ほどの集客代行を販売した後の会話を参考にみていきます。

「おめでとうございます。素晴らしいご決断をされました。これで紹介や人脈に頼った時間の切り売り生活から解放されます。ただ、「1つだけ心配があります」それは、集客できた顧客を安定して成約できるかが心配です。今までの紹介営業とは異なり、広告で集まる人は信頼がない状態で営業をする必要があります。今までの顧客とは異なるとお考えください。もし、営業をする前に相手があなたの事を理解し、信頼構築された状態になれば嬉しくありませんか?もし、それを望むのであれば、お勧めしたいセールス動画、ステップメール作成とセールスレター作成のサービスがあるのですが、いかがでしょうか?」

どうでしょうか?普通に、勧められるよりこのように「1つだけ心配」というフレーズが入るだけで紹介するサービスの価値が格段に上がったと思います。このように言葉は、商品自体の価値まで上げることができます。もし、あなたが商品単体で勝負しているとしたら、もっと価値を引き出すトークや演出はできないかと考えてみてください。

売った瞬間に追加販売を行う3ステップ

ステップ１：願望をさらによく出来ないかを考える
ステップ２：願望をもっと短い時間で実現できないかを考える
ステップ３：「1つだけ心配があります」と言い次を提案する

もし、あなたが追加販売を思いつかないというのであれば、それはお客様の現実を無視している証拠です。お客様のことを本当に考えるのであれば、思いつかないはずありません。自社サービスでできなければ他社と組んで提案をすれば良いだけです。ですので、もし、あなたが、そのお客様と一生、付き合いたいというのであれば商品を売った瞬間から次のセールスをスタートすることです。そうすることで、競合他社に横取りされることなくあなたの会社の常連さんになること間違いなしです。

多くの営業が商品を販売し納品したら終わりだと思っています。しかし、実際はそうではなく、販売した瞬間に次なる願望を提示することで、販売単価を上げていくことができます。売って満足していたら、いつまでたっても普通セールスのままです。契約をお預かりしたら、納品、フォローと続いていくわけですが、売れるセールスは違います。何をするのか？というと、契約をお預かりした瞬間に次なる願望をお客さんに与えていきます。商談で聞き出した情報をベースに次なる販売に焦点を合わせ、パンフレットや情報を渡すなどして、タネ付けをおこないます。どんな商材でも年に3回ほど、無料の定期フォローをつけることができると思います。そこで接触頻度を高め、伏線を張り、次なるセールスの機会を作り出します。

お客さんの現実を常に把握する

ポイントは定期的に接触すること、常に願望を把握しておくことです。定期的に接触すると単純接触効果が出ます。つまり、繰り返し接すると好感度や印象が高まるのです。接触した際は商品のフォローだけではなく、願望を把握しておきましょう。あなたは今の悩みと1年前の悩みは同じでしょうか？　そうです。確実に変わっています。人や企業は成長するのです。このため、願望は確実に変わります。多くの営業はここを無視して、いつまでたっても購入時の状態だと思ってしまいます。なので、お客さんだけ成長しているような状態になります。そうするとどうなるのかと言うと、お客さんは次の願望を叶えてくれる競合他社に移動するということなのです。したがって、お客さんの現実を常に把握する必要があります。「常に」というところがポイントです。

セールスの目的はお客さんのより良い未来をつくること

多くのセールスが売るという行為に対して躊躇します。しかし、セールスとは相手の問題解決であり、価値と価値の交換です。あなたは見込み客のどんな問題を解決できますか？　あなたは見込み客が何に価値を感じているのか知っていますか？　常に見込み客の現状を確認し、より良い未来を提案してください。売りつけてお金を搾取してやろうと考えるのではなく、あなたは見込み客の未来を良くする救世主なのです。積極的に販売してください。

人や企業の欲には際限がありません。一般的にはCSは「カスタマーサポート」と言われていますが、実はCSとは「カスタマーセールス」なのです。本当に営業ができる人はお客様に次なる願望を植え付けるのが上手です。売って終わりではなく、追加販売をしています。実は、売れば売るほどあなたのファンになってくれます。ぜひ、沢山のものを提案してあげてください。あくまで選択肢を与えることであって、選ぶのはお客さん自身です。売ることに躊躇してはいけません。

新規客獲得コラム：異性のハートを新規開拓するテクニック

営業ができる人は異性にモテる

世間では営業ができる人はヒトの気持ちが分かる人と言われ、異性にモテます。ホントか？　と思いますが、実際にそうだなぁと思います。あなたの回りにも営業ができる人はいますか？　その人はモテていませんか？　逆に、営業できない人はいますか？　その人はモテないと悩んでいませんか？　新規開拓に通じる「相手にあなたのことを好きにさせる方法」についてお話したいと思います。この話を聞くと、好きな異性をあなたに振り向かせることができます。逆に、この話を知らないと、好きな人に逃げられてしまうことがあります。それほど大きな違いになりますので、必要な方はこの本を保管しておいてください。

相手にあなたのことを好きにさせる方法

ところで、板割りってご存知でしょうか？　そうです。空手家が模範演技などで板をパーンと割るアレです。あるセミナーで体感する学びとして、参加者に板割りをさせるというものがありました。100人近い参加者が厚さ3センチの堅そうな板を老若男女問わず順番に割っていくのですが、セミナー講師がまずコツを教えてくれます。その板割りのコツとは「見えている板面を強く突くのでなく、板の10センチ奥にもう一枚板があると思ってそれを突き破る」というものです。実際に板を目の前にすると分かりますが「ホントに割れるかなぁ〜」と少し不安がよぎる厚さです。しかし、言われたとおり素直にやってみると、か弱そうな細身の女性でもパーンと真っ二つに割れてしまったのです。面白いのはそれを見ていた体格の良い男性が「ふん」と言って、力に任せて割ろうとしたら割れなかったことでした。

セミナー講師が伝えたかったことは2つ

このセミナー講師が伝えたかったことは2つです。①コツを学べば、遠回りせず目的を達成できる。営業でも何でも、自己流で闇雲に始めるのでなく、まずは成果が出ている先生から学んでから効率良く動きましょうということ。そして②手に入れたい成果より高い目標を狙えばそれは手に入れられる。年収1000万円にしたいのなら、その奥の1500万円に狙いを定め、それにふさわしい仕事をする。そうすれば1000万円は当然手に入れられる、というようなことです。

ハートを射抜きたければ奥を狙う

「割りたい板」を「射抜きたいハート」と考えてみたらどうでしょうか？ 射抜きたいハートとはもちろん異性のハートです。つまり、異性のハートをつかみたければ、10センチ先のハートをつかまなければならない。その10センチ先のハートの持ち主は誰なのか…それはご両親や家族、親友たちです。例えば、あなたが一番うれしいのは信頼している回りの人たちからこう言われることです。

「あなたのパートナー、素敵な人だね」
「そんなことまでしてくれるの？」
「それはかなり恵まれているよ、大事にしなさい」

それは、お客さんが売り込みにきた営業マンの言葉より「お客さんの声」や「クチコミ評判」のほうを真実と考え、重要な判断材料にするのと同じです。会社にとって「お客様の声」が重要なように、彼女にとってはご両親や家族、親友の声が重要なのです。奥のハートを意識すると違ったアイディアが出てきます。例えば、あなたが社長なら、社員の家族にお歳暮を贈る、社員の実家にお中元を贈る、社員や家族の誕生日を休みにする、などです。

❖「異性のハートを射抜きたければ奥を狙う」を実践

ここからはある方の実例です。ある男性がとある女性と付き合うことになりました。当然まだ付き合い始めなので、彼女のハートを射抜くレベルまでには至っていませんでした。男性は結婚を前提にお付き合いする気はまだありませんでしたが、付き合い始めてすぐに「ご両親に挨拶に行きたい」と彼女に提案しました。後日、彼女の実家の最寄り駅のファミリーレストランで彼女のお母さんと会いました。その時、手土産を渡しきちんと挨拶をしました。「お付き合いをさせていただく○○と申します」。やったことはこれだけです。

結果、どうなったか。彼女のお母さんが「今の時代にしっかりした彼氏ね、大事にしてあげなさいよ」と彼女に言うようになりました。その日を境に彼女の門限がゆるくなり、お泊まりがＯＫになり、遊べる時間が増え、ご両親が彼らを応援してくれるようになりました。…その後、どうなったか？　付き合って1年もしないうちに結婚しました。あなたも「ハートを打ち抜きたい人＝目の前の商談相手」だけではなく『奥のハート』を狙って営業をしてみてください。すると成果が何十倍にも跳ね上がります。

第6章

あなたの会社に新規開拓の仕組みを構築する

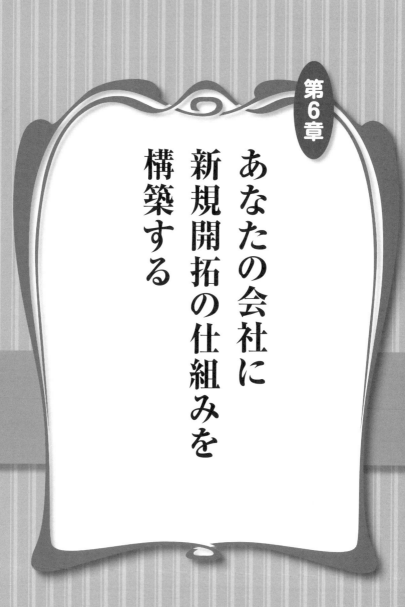

❀うちの業界に当てはまりますか？

私　「いかがでしたか？」

社長「そうですねえ。商品を全面に出さず提案するだけで、反応が変わってくるとはびっくりしました」

私　「そりゃそうですよ。そもそもお客様は商品など欲しくないんですから」

社長「言われてみれば当たり前ですね。でもなんで、今まで、そんな単純なことに気づかなかったのか不思議です」

私　「それは常識にとらわれているからですよ。そもそも、商品を買いませんか？とアプローチしていましたよね。それでは、ちょうど今、検討している人にしかヒットしません。そんな人はインターネットで検索しているか知り合いに相談しています」

社長「でも…」

私　「でも…何ですか？」

社長「考え方は分かったのですが、自社と同じような業種で事例があると、どうやって取り組んだらいいか分かると思うのですが…」

私　「そうですよね、分かります。つまり、うちの業界には当てはまりますか？　というとですよね」

おそらく、あなたも同じような感想を持っているのではないでしょうか。そこで、6章では、実例をもとにした参考モデルケースで事例を研究することにしたいと思います。

事例研究1：人材定着率UPさせるクラウドシステムのお客様を増やしたい

あなたは自社開発した人材定着率をUPさせるクラウドシステムの営業担当者です。会社はインターネットを中心とした広告宣伝費に投資をして問い合わせを獲得しています。しかし、社長は別の販路拡大が必要だと考えました。そこであなたに新規開拓のミッションを与えました。まず営業担当者は商品の販売実績のあった業界に絞り電話でアプローチを開始。その結果、1年間頑張ってもアポイントは月に1件、契約は0件でした。このような場合、どのように戦略を立ててアプローチをしていけばいいのでしょうか？

営業　「新規アプローチで法人開拓ができる気がしません」
私　「なるほど。どういったリストにアプローチをしていましたか？」
営業　「顧客実績があった不動産業界です。同じ業界なら似たような企業がいると思ってアプローチをしていました」
私　「アプローチ先で優先すべきは相手の文化です。顧客で共通した文化はありませんか？」
営業　「弊社の商品の特徴でもありますが、お互いに褒め合う文化と経営理念を大切にしているという文化があると思います」
私　「なるほど。そのような文化を持つ会社かどうかを見分ける方法があります。知りたいですか？」
営業　「ぜひ、教えてください」
私　「それは会社のホームページです。ホームページに経営理念を掲げている企業を狙うとよいです」
営業　「なるほど」
私　「さらに、称賛ということであれば『ありがとう　経営理念』や『称賛　経営理念』『ありがとう　カード　法人』などでインターネットを検索してみてください。

するると、称賛を大事にしている企業が出てきます。まずは検索して出てきた企業にアプローチして、ピックアップした企業の共通点を探して報告ください」

営業「今までと視点が全く違いました。ありがとうございます」

私「あとは電話でのアプローチですね。どういったトークを話していましたか？」

営業「会社と商品の紹介や導入メリットなどを話していました」

私「商品名やクラウドシステムを販売していると言った瞬間に『結構です』と断られることが多くないですか？」

営業「ほとんどがそうです」

私「商品は壁です。電話のコツは商品ではなく、相手が感じる価値を訴求することです。ちなみに、お客さんはどんな問題を解消したくて商品を購入したか聞いていますか？　一番多い理由を教えてください」

営業「社員の定着率を上げたい」

私「それはプラスの側面ですね。企業は願望を達成したいか痛みを解消したいかどちらかで商品を買います。どちらかというと痛みを解消するほうが緊急性や必要性の高いほうがよいです」

営業「痛みは、せっかくコストをかけて採用した社員が数年で離職してしまうことです。採用しても数年以内で離職してしまうという問題を解決したかったのだと思います」

私「それであれば、価値は『離職率を下げる』ですね。商品名は極力出さずに、離職率を下げる話です、という切り口にしてください」

営業「やってみます。」

私「あとは『離職率を下げる』という価値を裏付ける実績と事例を話し、今すぐ商品を導入してくださいという話ではなく、離職率が下がった参考事例や実績を話したいと言ってアポイントにつなげてみてください」

営業「分かりました」

私「できれば、今までのようにいきなり電話するのではなく、離職率が下がった事例をまとめてプレゼントを作り、郵送DMを使ってアプローチ。その後のフォローコールをすると簡単に成果が出ますよ」

新規開拓の仕組みを構築すると、会社が活気づく

このリストに対し、DMを送付後、1ヶ月で社長アポイントが19件、即決だけで2社の

新規開拓をすることができました。この会社は反響営業だけでやってきていたので、こちらから狙った企業に対し初めて新規開拓ができました。営業担当者は1日だけ社内から称賛の嵐で、ヒーローになれました。

この仕組みができたことで、営業が効率化しています。というのも、決まったDMを送り、決まったトークスクリプトを話すだけなので、営業プロセスが簡単になりました。営業マンが次に入社してきた社員に方法を教えることができるようになり、決まった流れを話すだけで新人でも社長アポイントが取れるようになりました。コンサルティングをしていると、「営業社員をやる気にさせたいがどうしたらいいか？」と相談を受けることがあります。営業社員をやる気にさせるには簡単。アポイントを取らせてあげること、契約を取らせてあげることです。結果がすべてを解決してくれます。新規開拓の仕組みを構築することが、会社を活気づかせる方法です。

事例研究2：商標出願をするお客様を増やしたい

あなたは特許法をはじめとする「知的財産法」を取り扱う弁理士で、事務所を開業したところです。発明・考案・意匠・商標について、出願・審判請求手続きなどの手続きを代理して、それを特許庁に登録し、その後も権利を維持することに務めています。そこで得意分野の商標登録で新規のお客様を獲得するために活動しています。現状はビジネス・リファーラル組織に入会したり、様々なビジネス交流会に参加して、紹介で新規開拓をしてきました。最初はたくさん新規の人に出会えましたが、次第に知り合いばかりになり、先細りしていきました。

そして、交流会は自分の時間を割かないといけない点、紹介は相手に主導権があるため売上がコントロールできないことに不安を感じていました。そして市場には、AI（人工知能）を使った商標調査・無料出願などのサービスが出てきている環境です。このような場合、どのように戦略を立ててアプローチをしていけばいいのでしょうか?

弁理士　「紹介や交流会以外に新規で法人開拓ができる方法はありませんか?」

私　「ありますよ。今の手法をさらに改善する方法と、新しい手法を2つ思いつきましたが、どちらから先に伝えましょうか?」

弁理士　「改善方法からお願いします」

私　「分かりました。紹介・交流会疲れがあると思いますが、メールマガジンはやっていますか？」

弁理士　「メールマガジンですか？　専門分野がニッチで書くネタもないのでやっていません」

私　「なるほど。新規開拓で重要な要素の1つはタイミングです。紹介や交流会で今すぐ商標を登録したい人ばかりを探していませんか？」

弁理士　「そのとおりです」

私　「それはそれでよいのですが、すべての人が今のタイミングで必要としているわけではありません」

弁理士　「それはそうですよね」

私　「そうすると交流している時間がもったいない。今はオンライン交流会が主流になってきているので、名刺交換もせず、ただお互いが30分ずつ事業説明をして終わりという不毛な時間になっています。ですから、せめて相手のメールアドレスを入手して、メールマガジンに登録しましょう。今は無料で利用できる日程調整自動化ツールなどがあるので、日程調整をするときに自然と相手のメールアドレスを入手することができます」

弁理士「分かりました。書くネタはどうしたらいいでしょうか？」
私「飲食店の倒産原因の1位は何か知っていますか？」
弁理士「味がまずいですか？　もしくは接客態度？」
私「味や接客などではなく、忘れられることです。味や接客が最高に良くても時間の経過とともに忘れていきます。なので、忘れられないことが大事なのです」
弁理士「なるほど」
私「メールマガジンも相手に忘れられないために書きます。自分が弁理士をやっていることを認知してもらうだけでよいので、書くことは自分のプライベートや日々の活動で十分です。すごい専門知識など要りません。知識を披露するのは相手が相談してきてからで十分です」
弁理士「分かりました」
私「そして交流会で会ったときに大事なのは、相手の文化を確認することです。今まで商標を取ったことがある人なのか？　取ったことがない人なのか？」
弁理士「ニーズは意識していましたが、文化は今まで意識したことない視点ですね」
私「文化のある人で確認すべきはタイミングです。商標は取得の期限などはありますか？」

弁理士「商標権の存続期間は、設定登録の日から10年で終了します」

私「それであれば、商標の取得した時期を聞いて、アプローチするタイミングは期限が切れる前のタイミングです」

弁理士「やってみます」

私「あと、商標を1個取ったことがある人は2個目、3個目と取っていきます。そこで大事なのはフラストレーションです。既存顧客は主にどこのエリアですか？　今の商標で何か不満はないか聞いたことはありますか？」

弁理士「7割が県内案件です。そして、過去に県外の企業やオンライン完結で取得したが、手厚いフォローがないとか、相談できなかったことに不満を持っていました」

私「なるほど。地元の顧客に寄り添う弁理士として打ち出して、訪問対応可能にしてください。それが貴社の強みです」

弁理士「分かりました」

私「新規で法人開拓ができる方法は2つ、郵送DMとGoogle広告です。どちらも地元企業に絞ってアプローチしてください。プレゼントは無料の商標調査、集客は地元愛を全面に打ち出してください」

弁理士「できそうな気がしてきました」

私「郵送DMの場合はこちらからタイミングが狙えます。地元の企業で商標を取得している企業を調べることはできますか？」

弁理士「特許庁のデータベースから調べることができます」

私「それであれば、商標を取得してから10年の期限が切れる前の企業に絞ってリストアップしてアプローチをしてください」

弁理士「なるほど。毎年、見込み客が生まれる場所を発見できました」

売れる仕組みを持つ会社と、場当たり的な会社

このように改善していった結果、法人開拓が進み過去最高月商を達成しました。

この事例のポイントは、ほとんどの会社が、紹介や人脈だよりで場当たり的な対応をしているのに対し、頭に汗をかいて売れる仕組みを作ったことです。マーケティングやセールスで何をやるべきなのか？　勘や経験に頼ることなく、明確にしていきました。そうすることで、再現性を持たせることができたのです。

再現性が確認できれば、次の段階が見えてきます。それは、同業者向けのコンサルティングです。あなたの業界が存続している限り、同業者で困っている人が必ずいます。その人たちに対して、コンサルティングを行うことで自分の経験が役に立ち売上につながるのです。このように売れる仕組みを持つ会社と場当たり的な会社では、次なる事業展開にも大きな差が生まれるのです。

事例研究3：新規事業でポスティングをするお客様を増やしたい

あなたは既存ビジネスで培ったノウハウを活かし、新規事業でポスティングの事業を始めることを検討しています。市場調査を行うと、競合の数は多く、大手資本が参入して安売り競争が行われていました。潤沢な資金があるわけではないので、既存社員1名を新規事業の担当者に任命しました。このような場合、どのように戦略を立ててアプローチをしていけばいいのでしょうか？

担当者　「今まで新規事業を立ち上げたことがないので、何から取り組んでいいのか整理ができていません」

私　「ビジネスは7つの流れで成り立っています。それが、①テーマ→②市場→③認知→④集客→⑤営業→⑥納品→⑦サポートです。この流れに沿ってビジネスを作ります」

営業　「商品は決まっているので、テーマと市場はポスティングです」

私　「テーマはそれでいいですが、同じ商品であっても市場は違うことがあります。例えば、テレビ。ヤマダ電機のように実店舗で販売しているところもあれば、楽天のようにインターネットで販売しているところ、ジャパネットのようにテレビショッピングで販売しているところもあります。同じテレビという商品なのに、実店舗・インターネット・テレビショッピングという市場があります。市場ごとにお客様のニーズが異なるので、同じ商品であっても訴求ポイントが異なります」

担当者　「なるほど。ポスティングの場合はローラー配布、一軒家指定配布、集合住宅指定配布、マンション指定配布、エリア特別指定配布、事業所指定配布などがあります」

私　「市場によって、顧客層が異なるのです。御社はどれに該当しますか？」

担当者「主には集合住宅指定配布、マンション指定配布です」

私「見込み客はライバルにいます。同じ市場のライバルを見つけ、ホームページの「お客様の声」に掲載されている企業に優先的にアプローチをしましょう。次に掲載企業に共通する業種を見つけ業種を絞ってリスト化し、最後はすでに顧客を持っているライバルに広告を頼めないかを検討していきましょう」

担当者「競合にもアプローチをするのですね」

私「集客する前に認知というフェーズがあります。知らない飲食店に積極的に入りたいと思いますか？　それよりもマクドナルドなど、認知があるお店のほうが入りやすいですよね。それと同じです。認知してもらってから集客するほうが簡単です。なので、場合によっては市場で認知されている競合の傘下に入ることも視野に入れ、ノウハウと顧客を蓄積してから独立するパターンもありです」

担当者「今までと視点が全く違いました。まずは自社のサービスで勝負してみます」

私「集客で大事なことはコンセプトです。単純にポスティング事業を始めました。お見積もりどうですか？　とやってもうまくいきません。これは信用・信頼がすでにある企業の場合なら大丈夫ですが、新規開拓の場合はそういきません。貴社のポスティングの特徴は何ですか？」
担当者「自社サービスで首都圏～全国で月間200万部以上のチラシを配布し、月間140件の問い合わせを獲得していることです。そこで培ったノウハウを提供したいと考えています」
私「貴社のポスティングと相乗りでチラシを配ることは可能ですか？」
担当者「可能です」
私「新規客の場合は、お客様の短期的欲求をあえて狙わなければいけません。人間の脳は、常に沢山の情報であふれかえっています。そこに、あなたの商品を差し出し「いい商品ですから」といったところで「いらない」と言われるのが関の山です。だから、痛みを抱えるその人の短期的欲求を刺激することです。悩みを抱えているだけでは不十分です。ポスティングを実施している企業の痛みは何ですか？
担当者「反響が来ないことと費用がかかることです」
私「それであれば、集客コンセプトは『タダポス』あなたのチラシ5000部をタダでポスティングし、反響を獲得します！　という打ち出し方はどうでしょうか？」

担当者「面白いですね」

私「集客商品、収益商品という考え方があります。新規事業でいきなり収益が出せれば理想ですが、まずは集客しやすい商品を打ち出してリストを集め、信頼してもらってから収益が取れる商品を提案する場合もあります。ちなみにトヨタ自動車は何が収益商品だと思いますか？」

担当者「もちろん、車ですよね」

私「違います。収益商品は自動車ローンです。集客商品は車です。車だけでは利益が少なく、テレビCMなど打てません」

担当者「そういったカラクリがあったのですね。」

私「集客商品で契約し、納品、サポートを行う際に収益商品のセールスを伏線で入れておけば、自然と次につなげることができます」

担当者「収益商品を売ることを目的として行っていきます。郵送DMでの営業アプローチの際に気をつけておくことはありますか？」

私「郵送DMを送る際に伝えるべきは『反響を鳴らす』という価値です。商品に固執するのではなく、価値を打ち出していきましょう。1つ実績をつくれば、その実績を使って次なる顧客にアプローチを行います」

新規事業で商品を売る鉄則

このような戦略を使うことで、新規事業開始1週間で1社の受注、1・5ヶ月でアポイント23件、6社の新規開拓をすることができました。

あなたは、契約をする際に何を見て判断しますか？　人柄ですか？　それとも機能でしょうか？　では、聞き方を変えます。その商品が、いいもので自分の問題を解決する可能性があるとします。しかし、実績が1つもないとしたらどうでしょうか？　その商品やサービスを契約しますか？　おそらくしないはずです。では、なぜそれだけ実績が大切なのか？　それは、実績というのは、ある意味「信頼の裏付け」とも言えるからです。そして、実績がない商品は、機能が完成していても商品としては未完成な状態とも言えます。

新規事業や新商品を販売し、売れない人というのは、この実績の部分を完全に無視しています。逆の立場で考えれば分かると思いますが、実績のない商品は、「かも」という状態です。どういうことかと言うと、この商品を使うことで、お客様の問題を解決できる「かも」。こんな状態の商品を誰が使うのでしょうか？　誰だって、モルモットにはなりたくありません。そして、本当の不具合や改善点は、お客様が使わない限り見つかりません。考えてみてください。もしあなたが、商品が売れないと悩んでいるのであれば、商品を見直すのではなく、実績を少しでも多く積み上げることです。あとは、その実績をどう表現し、効果的に伝えるかで、実績という名の武器が威力を増します。実績を１つでも多く作ることが、成約を加速させるのです。

事例研究４：ホームページ制作をするお客様を増やしたい

あなたは高校卒業後、東京に出てインターネットビジネスで生計を立てていました。しかし、家族の事情で地元長野にＵターン。そこで一念発起し、ホームページ制作会社で起業しました。最初はどんな仕事でも請け負い、紹介で順調に実績を増やしてきました。しかし、紹介先が無限に増えるわけではなく、抱えているクリエイターに仕事を振らないといけません。新型ウイルスの影響で交流会は中止かオンラインに切り替わり、新規の人と出会う機会がめっきり減ってしまいました。このような場合、どのように戦略を立ててアプローチをしていけばいいのでしょうか？

社長　「今まで主に紹介だけで事業が回っていて、新規の営業活動はほとんどやった経験がありません」

私　「過去に紹介以外で何か取り組みをやってきたことはありませんか？」

社長　「ホームページ制作業者の一括比較、見積もりができる発注サイトに登録をしたことがあります」

私　「その結果はどうでしょうか？」

社長　「案件は出てきますが、ライバルが多く一瞬で埋まります。提案ができたとしても、比較が前提なので価格勝負になってしまい、うまくいきません。ホームページ会社で差別化はなかなか難しいと思います」

私　「まずは既存顧客に答えがあります。顧客の数とエリアは主にどこでしょうか？」

社長　「約100社で地元の長野県が95％です」

私　「なるほど。ホームページ制作は新規とリニューアルだと、どっちが多いでしょうか？」

社長　「リニューアルが8割を占めますね」

私　「リニューアルを望んでいた顧客の痛みは何だったのでしょうか？」

社長　「東京のホームページ制作会社の言うことを鵜呑みにしたが結果が出ない！　提

案されたデザイン重視のホームページを作成したけど結果が出ない！　社員にすべて任せたけど結果が出ない！　など、主に結果が出ないことに痛みを感じていました」

私　「結果とはどのような結果でしょうか？　集客数でしょうか？　売上でしょうか？　望んでいた結果の共通点は何かないですか？」

社長　「当たり前のことですが、インターネットから売上が上がらないことです」

私　「ホームページは制作することが目的の会社が多いですが、貴社は違いますか？」

社長　「結果的にホームページ制作をしていますが、作ることが目的ではなく、売上を伸ばすことが目的です。そのために言われたことをこなすのではなく、提案をしています」

私　「なるほど。商談をしているときに、見込み客さんから『すごいですね』と言われた経験はありませんか？」

社長　「日本一の衣料品製造小売の『ユニクロ』でサイト運用リーダーに抜擢され、『UNIQLO』ECサイト運用リーダーに就任したことです。そこでスタイルブックというECサイトのコンテンツを開発し、売上を上げていきました。もちろん私の力だけではないですが、結果、就任初年度72億だった売上が毎年

1２０%成長を続け、５年後には１８０億円になりました」

価値は商品以外の部分にも隠されている

私「先ほどの差別化の話ですが、お金というのは、誰かが決めた１つの価値基準でしかありません。にもかかわらず、人はお金に支配され自由を奪われています。本当の価値というのは、人それぞれ異なり、お金以外の部分にもあります。分かりやすい例で言えば、店舗を経営されている方なら分かると思いますが、食事だけではなく、スタッフやお店の雰囲気に価値を感じて通うお客様がいます。もちろん、この雰囲気に対してお客様はお金を払っているという感覚はありませんが、価値を感じ、通うきっかけになっているのは間違いありません。しかし、販売者となると、価値は商品にしかないと思いがちですが、実は相手が感じる価値というのは、あなたが想像もしない部分に隠されているということです。そして、特に、新規客は商品を使っていないので、見た目だけで選んでしまうということも珍しくありません。もし、社長が商品にしか目が行っていなかったとしたら、少し回りに価値がないかを見直してみてください。それだけで、大きな価値に気づけるかもしれません」

社長「なるほど。自分ではそうした価値があることに気づくことができませんでした」

私「地元が長野県であること、売上を上げる提案型のホームページ制作ができることと、日本一の衣料品製造小売会社での経験が貴社の強みですね」

社長「ありがとうございます。では、どのような企業にアプローチすればいいですか？いきなりホームページ制作しませんか？　では反応してくれないでしょうし、今、LINEで予約が取れるシステムを開発していまして、まずは予約システムが売れそうな歯医者さんとかはターゲットによいと思っているのですが」

私「実績はありますか？」

社長「いえ、まだありません。ただ、ニーズはあると思います」

私「想像でビジネスを行うと危険です。販売者都合ではなく、お客様が望むものをまずは販売することです。そして、その望みを叶えてから、売りたい商品を売ればいいだけです。すべてにはステップがあります。お客様は、小さな成功体験を与えてくれた人にしか信頼を感じません。そのためにも、はじめから自己主張を提案するのではなく、まずは、お客様の信頼を得ることを優先した『欲しい』という商品を販売することです。そこで、信頼を得ることができれば、いくらでもあとからあなたが推奨するホームページ制作を売ることができます。新規開拓のコツははじめにあなたが売りたいものを売らないことで、売れるものを売ることです」

社長「そうするとアプローチ先と方法はどうなりますか？」

私「顧客の痛みから察するに、1つ目はライバルの顧客ですね。長野県にあるホームページ制作会社の『お客様の声』に掲載している企業にアプローチしましょう」

社長「どのような打ち出し方をすればいいですか？」

私「ホームページ制作業界のフラストレーションは、先ほど聞いた『提案されたデザイン重視のホームページを作成したけど結果が出ない！』でしょうか？」

社長「そうだと思います」

私「それであれば、売上を上げることを重視したコンサルティング型のホームページ制作会社であることを集客コンセプトにしましょう。プレゼントですが、何か小さな成功体験を相手に与えることはできませんか？」

社長「ホームページの無料診断ならできます」

私「それはダメですね。古い手法ですし、売り込みを感じます。具体的にないでしょうか？　ホームページ制作に入っているメニューを一部切り出してもOKです」

社長「集客力をUPさせる方法があります」
私「それは何でしょうか?」
社長「Google対策です。ホームページ制作のメニューに入っています」
私「それであれば、プレゼントは集客力をUPさせるGoogle対策ですね。値段をつけるとしたら価格はどれくらいですか?」
社長「10万円くらいです」
私「それをプレゼントしましょう。そこで価値を感じてもらえれば、リニューアルを提案したいと正直に書いて郵送DMを作成します。商品だけで差別化が難しい場合は商品を売るのではなく社長を売ることを忘れずに、ストーリーレターを書きましょう」

お客様から反響をもらった後は、どのように成約すればいいのか?

このような戦略を使うことで、広告費7万5000円を投入。2週間で問い合わせ8件、5社を新規開拓することができました。まずはお客さんに手を挙げてもらう、このファーストステップが見込み客との関係性を決定し、受注単価にまで大きな影響をもたらします。ホームページ制作のアドバイザーとして先生ポジションを取ることと、単なるホームページ制作の御用聞き営業との違いはご理解いただけると思います。

では、反響が来た後はどのように対応すればいいのか？　大事なことは1つひとつステップを踏んで営業することです。郵送DMは商品を売ることではなく、商品に興味がある人を集めることを目的にしました。このように1つに絞ることが重要です。反響↓アポイント↓体験↓契約と階段を1つひとつ登ってもらい、あなたとの信頼関係を構築することで、商品が売れていきます。新規客に売れない原因の1つはあなたや会社に信頼がないことです。商品は関係ありません。

事例研究5：健康管理サービスと健康保険組合設立コンサルティングのお客様を増やしたい

あなたは健康管理サービスと健康保険組合の立ち上げ、運営コンサルティングをしている会社の経営企画室に配属されました。会社は上場していますが、古い体質で新規開拓に積極的ではなく、問い合わせや既存顧客のフォローだけで回っていました。しかし突然、社長からの号令で新規開拓を任されました。どのように戦略を立ててアプローチをしていけばいいのでしょうか？

担当者　「元営業なので商品知識はありますが、反響営業と既存営業がメインだったので、マーケティングのイロハが分かりません」

私　「なるほど。ビジネスは、自社、他社、お客様の3つのバランスで成り立っています。営業を担当されていたので、自社のことは分かっていると思います。他社を理解する最短の方法があります」

担当者　「それは何ですか？」

私　「競合他社に資料請求をすること。そして、商談を受けてみることです」

担当者　「そんなことはやったことがありません」

私　「競合他社に相見積もりで負けたことがありますか？」

担当者　「はい、あります」

私　「では、競合の見積価格を知っていますか？　提案資料を知っていますか？」

担当者　「何となくしか知りません」

私　「お客様の立場に立って考えてください。自社のことだけアピールしてくる営業と、競合他社の価格や長所や短所、商品を選ぶ判断基準なども教えてくれる営業だとどちらがいいですか？」

担当者　「後者がいいと思います」

私　「そうですよね。１度でも競合したら相手の価格や提案内容を把握しておく必要があります。自社で資料請求が難しい場合は、私のようなコンサルタントや知り合いの会社に頼んでください。相手を知ることから始めましょう」

担当者　「早速、競合他社の資料を取り寄せてもらえますか？」

私　「わかりました。資料を見て一番実績を出している会社と気になった会社に詳しい説明を依頼します。なので、商談に同席し、ライバルの営業手法を体験してください。」

担当者　「そんなことまでするのですね」

私　「当たり前です。今はオンライン化の時代になったので商談同席が簡単になりました。そして、必ず相手に聞いてほしい質問があります」

担当者　「それは何ですか？」

私　「顧客実績と一番の集客経路です。具体的な顧客名一覧を聞くことができれば、それは貴社の見込み客となります。そして、一番うまくいっている集客経路を聞ければ、貴社も同じことをやればよいだけです」

担当者「正に、目からウロコです。最短距離とおっしゃっていた意味が分かりました」

私「他社を理解することに終わりはありません。定期的に確認することで市場と業界のフラストレーションを確認しておきましょう」

見込み客に聞くことが最重要

私「次はお客様です。一番うまくいっている集客経路は何でしたか？」

担当者「WEB広告でした。なので、弊社もランディングページを作成し、WEB広告を始めたいと思います」

私「それは良いですね。ランディングページを作成するときに一番注意するべきことは、自分の頭で考えないことです。」

担当者「そうなのですか？　強みや特徴を考えて打ち出そうと思っていました」

私「あなたと見込み客は状態が異なります。お金を払って自社のサービスを買った経験がありますか？」

担当者「いいえ、ありません」

私「そうですよね。身銭を切っていない人にリスクを覚悟で解決を求めている人の心の状態など理解することなどできません。だから、あなたの意見で行うのではなく、お客様に『聞く』ことです。お金を払ったお客様に対し、願望・結果・フラストレーション・痛み・悩みを聞いて、インタビューで顧客が使っていた単語・言葉・言い回しをランディングページに使いましょう。

担当者「そんなやり方があったのですね」

私「広告ができ上がった際に社長や社員に意見を求めると思いますが、意味のないことをしていることに早く気づかなければいけません。あなたの身内（社長や社員）は、お客様ではありません。例えば、ダイエットに悩んでいない男性にダイエット広告について意見を求めても何の役にも立ちません。「意見とアドバイスは違う」という事実を知る必要があります。誰だって、聞かれればもっともらしい意見を言うことはできます。しかし、それはあくまでその人の意見であって、アドバイスではありません。あなたは、足を骨折したら、誰に相談しますか？　家族？　友人？　税理士？　弁護士？　どれも違いますよね。おそらく、病院に行くはずです。しかも、整形外科に。このとき、眼科に行く人などいません。病気であれば、誰だって分かる事実をビジネスとなると適当に身近で済ませてしまう。そして、こう言うんです。「最近のお客さんは何を考えているのか分からない」と。今は、時代が変わりました。昔とは広告のやり方が違います。昔のやり方のまま広告案を考え、身内に意見を求めても、反応が取れなくて当たり前なのです。そして、あなた自身の意見はまず間違っているというところからスタートしなければ、現状は変わりません。過去の成功体験をひきずったまま広告してもうまくいきません。環境が違うのです。お金を払わない人の意見は１ミリも入れてはいけません」

担当者　「今まで顧客に聞くということをやったことがなかったので、試してみます」

私　「お客様に聞いてＷＥＢ広告を作ったら、それを郵送ＤＭに置き換えて作っていきます。聞くこと以外にお客様を理解する方法などありません」

担当者　「分かりました」

お客様は、常に進化し、願望や悩みも変わり続ける

競合とお客様に聞くことを徹底し郵送ＤＭを作成。１・５ヶ月でアポイント６件、セミナー集客に14名、約１３００万円の契約が決まりました。お客様は、常に進化し、願望や悩みも変わり続けます。その事実を見失うと、継続的に新規客を獲得することはできませ

ん。そのためには、お客様の「現状」を聞き続けることです。以前とはずれていないかな？今はどんなことに関心があるのかな？　願望、結果、フラストレーション、今の取り組み、悩み、痛み。これは想像しても意味がなく、聞けば教えてもらえます。もし、あなたがずっとお客様と成長しビジネスを継続していきたければ、常にお客様の現実と生きることです。人間は、成長する生き物です。1年前の悩みと今の悩みは同じでしょうか？　違いますよね。その進化を無視していたら新規客を獲得できなくて当然です。問い合わせがあった人に検索キーワードを聞く、初回面談時に会ってくれた理由を聞く、契約してくれた理由を聞く。この先も継続的に反応を取りたければ、常にお客様の「今」を知ることです。人の欲に終わりはありません。

例えば、結婚した後は、子供が欲しくなります。もしくは、マイホームが欲しくなるかもしれません。このように人間は、欲が達成した瞬間に次の欲が芽生えるのです。これは企業も人である以上同じです。では、どうしたらいいのか？　それは、商品を固定せずに、お客様の結果に常にフォーカスしその時に抱える願望や悩みに応えることです。お金を払ってでも解決したい願望や痛みを知ることです。このような立ち位置になれば、常に新規の顧客を探し求める必要はなく、既存客と一緒に成長していくことができます。その成長が、あなた自身を育てビジネスを安定させます。

事例研究6：特許を取得した融雪塗料の販売代理店を募集したい

あなたは創業50年を超えた建築会社の社長です。現状は大手ゼネコンや主要クライアントから依頼された工事請負が売上の大半を占めますが、個人のお客様へのサービスも提供したいと思い、ゼネコンの仕事で培った技術力を生かし、一人でも多くの人を雪による被害から守れないだろうかと考え、雪を溶かす融雪塗料とシステムを開発。試行錯誤の末に商品が出来上がり特許を取得しました。

ただ、1社の力で商品を広げていくには限界があります。しかも、この会社は本社が東京で雪の降る地域に知り合いは少ない。資金に余裕はなく実例はまだ1件だけ。どのように戦略を立ててアプローチをしていけばいいのでしょうか?

社長「特許を取得した良い商品で、必ず人の役に立てると考えているのでぜひ広げて行きたい。代理店を募集して協力者を募りたいのですが、マーケティングのイロハが分かりません。郵送DMを使ってなんとかなりませんか?」

私　「代理店開拓ですね。使えますよ。ただ、代理店開拓で覚えておいて欲しい、相手が望む順番があります。それは、1番目はまず儲かるのかということ、次に2番目は手間が少ないかどうか、そして3番目にそれは良い商品かということです。相手はこの順番で考えるのですが提供側は逆で、1番目に良い商品かどうか、2番目に手間が少ないかどうか、そして3番目に儲かるかどうかという順番で話をしてしまいます。」

社長　「確かに。良い商品だから扱いませんか?とアプローチするのが普通だとおもっていました。」

私　「気持ちは分かります。しかし代理店となるとどの会社の商品を扱っても良いですよね。もし社長は同じ手間で100万円の利益の出る商品と10万円の利益が出る商品ならどちらを優先的にしますか?」

社長　「それは100万円です。」

私　「良い商品なのは当たり前です。ただどれだけ気に入ってもビジネスである以上、儲からないと相手は動いてくれません」

社長　「それは困りましたね。まだ事例が1件で詳しい利益シュミレーションなどはこ

私　　れから算出していくので、現状では出せません」

社長　「なるほど、ではそれを逆手に取ってどれくらい儲かるのかを説明するから興味がある人は連絡してくださいという風に変えましょう。こちらからお願いするのではなく、相手から手を挙げてもらう方式を取らないと上手くいきません」

私　　「確かにそうですね。商品のカタログを作って代理店になりませんかとお願いするところでした」

社長　「多くの企業が陥る罠ですが、『こんな良い商品できました！新しく取引しませんか？』とアプローチしてしまいます。いきなり商品を売ると上手くいかないので、先ずは商品に興味がある人を集めるにはどうすればよいかを考える必要があります」

私　　「なるほど」

社長　「簡単なメリットはDMの中に書きますが、この商材を扱うとどのようなメリットがあるのか、詳しい資料を用意するから資料を送付する許可をくださいとオファーしたらよいです。あと、単なる代理店だけでは儲けに対する動機が弱い気がしますが、代理店制度の戦略も考えたほうがよいですね」

私　　「それなら代理店制度は各地域に1社か2社限定にして、1次代理店として活動

私　してもらいます。早く代理店になることで、2次代理店に卸売ができるそうすれば、より儲けがでるイメージができると思います」
社長「それは良いですね。各都道府県に1社限定にして地域の企業に2次代理店として卸売ができる権利が貰えますよと訴えていきましょう。次は他社、つまりライバルですね。競合の調査はしていますか？」
私「恥ずかしながらまったくしていません」
社長「競合の会社も代理店販売をやっているのかを調べましょう。ライバルはお金と時間を使って我々のために実験をしてくれています」
私「競合の会社も代理店制度を作っていました。1社は上手くいっているようです。」
社長「では、その会社に電話して聞いてみます。ホームページの情報だけを鵜呑みにするのはよくないので。次は代理店をやっている会社の共通点を調べてください」
私「地場の工務店や建築会社、道路関係や除雪の会社などもありました」
社長「そこが御社がリスト化すべき対象ですね。既に雪おろしに対する文化がある企業を優先的に、人力を使って最短距離で理想のリストを構築しましょう。後は競合との差別化の部分ですね何が違いますか？市場調査をお願いします」
私「市場に出回る屋根の雪下ろしが不要になる仕組みを調査したところ既に3つの

融雪方法がありました。1つは温水を屋根全体に設置し雪を溶かす工法。2つめが軒先に熱源を設置し屋根の積もった雪先を溶かす工法。3つめが屋根に塗料を塗り、雪が自然に滑りやすくする滑雪塗膜工法です」

私　「なるほど。これからアプローチする社長は既に競合から営業を受けている可能性が高いので、DMには自社の話だけではなく、必ず敵を設定してさまざまな宣伝文句を書く必要があります。今回の敵は融雪方法のデメリットです。デメリットは何になりますか？」

社長　「電気ヒーターや温水での融雪は、効果は高いが価格が高く、滑雪塗膜は価格は抑えられるが融雪効果が低い、などのデメリットがあります」

私　「分かりました。あと最後は社長を売ることです。開発から特許取得までのストーリーを赤裸々に語って共感をもらいましょう。多くの社長が0→1つまり、ゼロからイチの実績を作る大変な経験をしてきているので共感が得れますよ。社長のストーリーを教えてもらえますか？」

弱みを強みに変えて社長から社長にメッセージを発信する

このような戦略を使うことで、新規リストに代理店開拓の郵送DMを1,000通送ったところ、2週間で49社から代理店に興味があると反響がありました。その後に面談した会社はどうでしたかと社長に聞いたところ「面談ではほぼ皆さん協力したいという内容でした。逆に選ぶのにどうしようかなと思っております」とのコメントを貰いました。当初の予定通り、お願いする代理店開拓ではなく、選べる代理店開拓になりました。このように実績が少なかったとしても逆に利用し、ストーリーとして伝えることで問合せに繋げ、会う前から商品が欲しい人を集めることが可能となるのです。最終的には厳選した全国の10社と代理店契約を締結。月に3000万円の売上見込みが立ちました。

マーケティングは繊細です。たった一言で、反響が来なくなることがあります。素直に何でも話せば良いわけではありません。たとえ、お金がない、コネがない、実績がない状態であっても、それをマイナスと捉えるのではなく、プラスに捉えることで、新規開拓していくことが可能となるのです。

あとがき　事業立ち上げのとき、この本に会いたかった！

法人開拓に深入りしたのは、ほんの小さなきっかけからでした。それは大学生の時に10万円を払って、とあるセミナーに参加したことでした。セミナーでたまたま同席した人と、縁が続いて5年後に一緒にビジネスを立ち上げることになったのです。立ち上げの際には外部資本や融資を入れない意向で潤沢な資金はありませんでした。

事業立ち上げ前は、新卒でTSUTAYAを運営するCCC（カルチュア・コンビニエンス・クラブ）に入社してレンタルビデオ屋をしており、法人営業の経験はありません。兵庫県揖保郡太子町出身で東京に知り合いはおらず、事業を立ち上げたからといって、自社開発のシステムの顧客実績もありませんでした。あるのはやる気と時間だけ、その他はすべてゼロの状態でした。

そこから、どうやったら、法人の新規開拓が仕組み化できるのだろうか？　在籍8年で3万時間以上費やし、トライ&エラーを繰り返しました。今でも法人集客のコンサルタントとして、その試行錯誤は続いています。私は郵送DMを主軸にした法人開拓を今でも続け、継続的に法人を獲得していますが、これが正解だというつもりはありません。世の中にはもっと良い方法があるのだと思います。世の中に正解はありません。あるのは自分があると信じた世界だけです。このように、ほんの小さなきっかけが、大きく人生を変えます。

そして、あなたにも、ここにほんの小さなきっかけがあるのです。郵送DMを主軸にした法人開拓を知ったあなたには、2つの選択肢があります。

①方法論を否定し「やらない」
②とりあえず「やってみる」

初めてやることは面倒くさく、リスクを感じるかもしれません。でも、失敗してもいいじゃないですか。日本の一流起業家でもビジネスは一勝九敗と聞きます。成功するまで諦めずに続けるから成功者だという言葉も耳にします。私は昔から多くの失敗をしてきました。失敗の数や営業で断られた数の多さは自慢できます。ただ、過去の私のようにお金と時間を浪費し、遠回りをしてほしくないので、あなたを勝たせるため気持ちを込めて書きました。この本で紹介した方法はあまり投資費用がかかりません。郵送DMは1通100

円から発送が可能です。投資額が小さいので大きな損失にはなりません。安心して最初の一歩を踏み出してください。

そんなあなたのサポートになればと思い無料プレゼントを用意しました。それは本書で公開したゼロから１０００社を開拓し、継続的に新規客を増やし続ける郵送ＤＭのひな形です。このあとがきの次ページに詳細を書いておきますので受け取ってください。

本書は、自分の生きた証しとして、遺書の意味を込めて将来ビジネスに取り組む子どもたちのためにも書きました。いつも僕を支えてくれている妻の未樹、長男の仁、長女の寧々。ありがとう。僕を産んでくれたお父さん、お母さん、ありがとう。そして、僕の人生とビジネスの師匠である

円山広行社長、ありがとうございます。師匠の背中を見て育ち、お陰様で幸せな生活を送ることができています。また、コンサルタントの

船ヶ山哲先生、いつもありがとうございます。愛のあるご指導のお陰でコンサルタントとして成長できています。

最後に、株式会社SEVENTEENで苦楽を共にしたメンバー、ZERO1000会員の皆様、

本当にありがとうございます。皆さんの実践なくしてこの本を書き上げることはできませんでした。心よりお礼申し上げます。これからもブラッシュアップし、もっと喜んでもらえるようメソッドに磨きをかけて、結果でお返しします。

出版に携わってくださった関係者の方々に、この場を借りてお礼申し上げます。ありがとうございました。

誠実素直　前向行動　勉強熱心

株式会社 OfficeTV　代表取締役　藤原智浩

【読者限定】無料プレゼント

本書で公開したゼロから 1000 社を開拓し、継続的に新規客を増やし続ける郵送 DM のひな形がもらえます！

1. 相手にあなたの望む行動をしてもらう「挨拶状」(PDF)
2. 相手に手間をかけさせない「返信用紙」(PDF)
3. 相手との共感を生む「ストーリーレター」(PDF)

私のように遠回りをして欲しくないので、

あなたを勝たせるため３つの無料プレゼントをご用意しました。

あなたの成功を心から願っています。

今すぐ【読者限定】無料プレゼントを手に入れるには

ZERO1000.jp のホームページにある読者限定

プレゼントページからダウンロードしてください

【ZERO1000】**https://zero1000.jp/**

【プレゼントページ】**https://zero1000.jp/book-present/**

[お問い合わせ先]
株式会社 OfficeTV
問い合わせメールアドレス：info@zero1000.jp

▼著者略歴
藤原智浩
株式会社OfficeTV　代表取締役

兵庫県揖保郡太子町出身、寅年生まれ。

大阪市立大学卒業後TSUTAYAを運営するCCCに入社。その後、学生時代に参加したセミナーでたまたま同席だった方が、マンションの一室でクラウドシステムを開発中だと聞き、上場企業を辞め株式会社SEVENTEENで起業。

金なし・コネなし・実績なしのオール0から販売を始め、テレアポを1日200件、1年間で50,000件実行するも、契約は0件。1年間、顧客獲得が出来ず理想と現実のギャップを痛感する。その後「担当者は決裁者ではない」という当たり前の事実に気づき、決済権を持つ社長へのアプローチを徹底的に研究。郵送DMを活用した顧客獲得法則を発見し、6年で1,000社の新規開拓に成功。現在はそのノウハウを元に、最短距離で1,000社を獲得したい社長のために[郵送DM]×[社長アプローチ]を軸にした法人集客コンサルティング「ZERO1000」を行っている。クライアントは個人事業主から東証プライム上場企業まで幅広く、短期間で集客UP・売上UPを実現している。

書籍コーディネート：(有) インプルーブ　小山　睦男

ゼロから始める！法人営業
ずっと勝ち続ける新規開拓営業の新常識　〈検印廃止〉

著　者　藤原　智浩
発行者　坂本　清隆
発行所　産業能率大学出版部
東京都世田谷区等々力6-39-15　〒158-8630
（電話）03（6432）2536
（FAX）03（6432）2537
（URL）https://www.sannopub.co.jp/
（振替口座）00100-2-112912

2023年2月28日　初版1刷発行
2024年4月5日　3刷発行

印刷所・製本所　日経印刷

（落丁・乱丁はお取り替えいたします）　ISBN 978-4-382-15827-6